INTRODUCCIÓN A CALC.
MANUAL VISUAL DE LA
HOJA DE CÁLCULO DE OPEN OFFICE

José Tomás Pastor Pérez

Editorial Bubok

INTRODUCCIÓN A CALC. MANUAL VISUAL DE LA HOJA DE CÁLCULO DE OPEN OFFICE.
Autor: José Tomás Pastor Pérez

ISBN: 978-84-9916-382-6

DL: M-49553-2009

Impreso en España / Printed in Spain

Impreso por Bubok Publishing

© Copyright. Todos los derechos reservados.
Se prohibe la copia total o parcial de esta obra. Madrid. 2009

ÍNDICE

Tema 1. La aplicación Calc.

Tema 2. Rótulos, datos y fórmulas.

Tema 3. Presentación de datos.

Tema 4. Rellenar. Nombre. Validación de datos.

Tema 5. Funciones.

Tema 6. Funciones lógicas.

Tema 7. Funciones fecha y hora.

Tema 8. Funciones búsqueda y referencia.

Tema 9. Funciones financieras.

Tema 10. Funciones matemáticas, de matriz y estadísticas.

Tema 11. Funciones de información y texto.

Tema 12. Gráficos.

Tema 13. Áreas de datos.

Tema 14. Herramientas de análisis de datos.

INTRODUCCIÓN A CALC

TEMA 1: LA APLICACIÓN CALC

ÍNDICE

- El aspecto de OO-Calc.
- Barra de menús.
- Barra de herramientas.
- Barra de fórmulas.
- Archivo, hoja activa.
- La celda activa.
- La barra de estado.
- Selección de celdas.
- Insertar y eliminar celdas.
- La ayuda de Open Office.
- Ayuda contextual.

Introducción a Calc. Manual visual de la Hoja de Cálculo de Open Office

EL ASPECTO DE OO-CALC

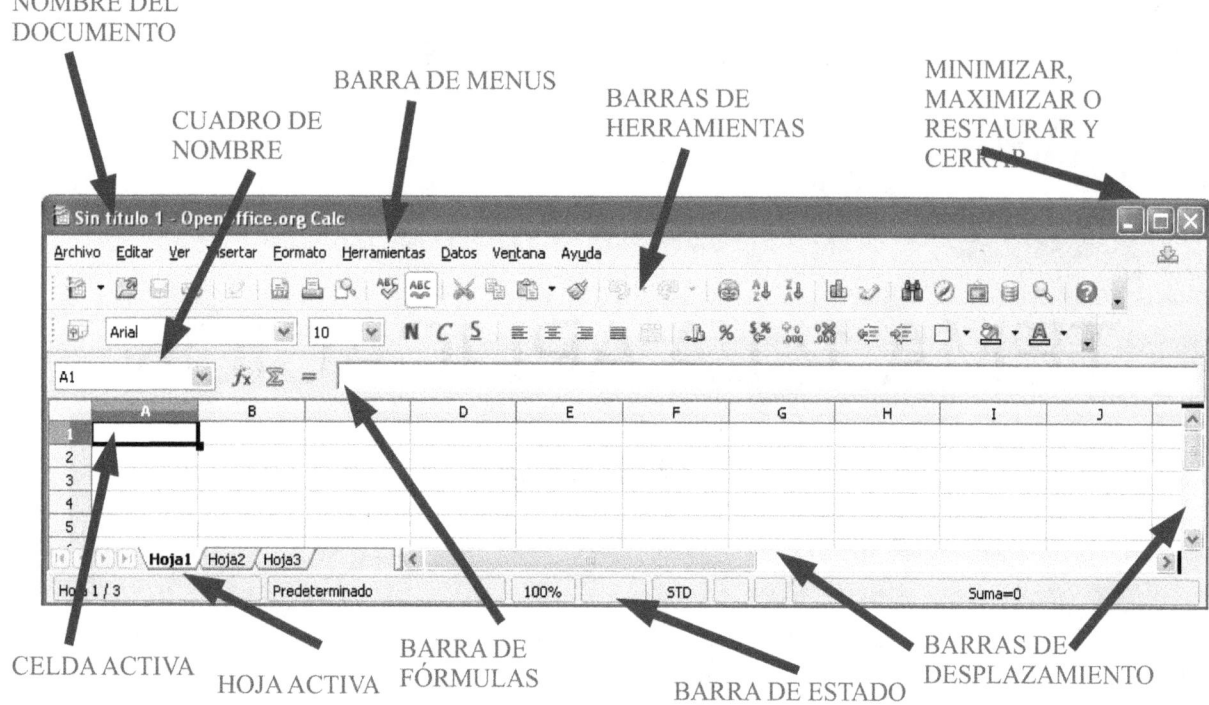

BARRA DE MENUS

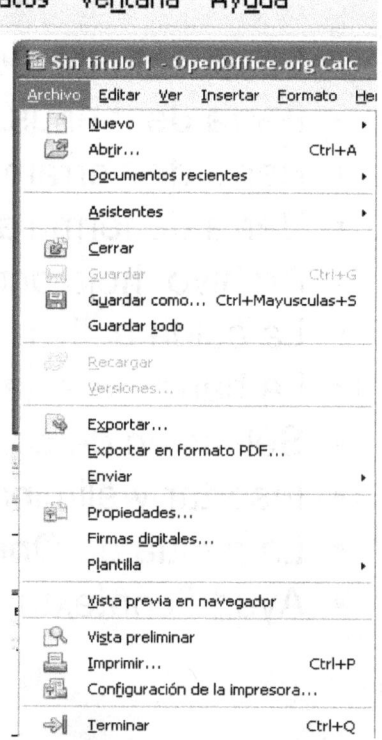

- Para ir directamente al menú deseado:
  - **Alt+Subrayado**.
  - Por ejemplo:
    - **Alt+a** lleva al menú **Archivo**.
- Menú **Archivo**:
  - **Guardar como...**:
    - Archivo Oppen Office (extensión .ods)
    - Archivo Windows 97 (extensión .xls)
  - **Exportar** a html o pdf.
  - **Enviar** por e-mail.
  - **Propiedades, Firmas digitales..., Plantillas, Imprimir**, etc.

BARRA DE HERRAMIENTAS

- Por defecto, las **Barras de herramientas** visibles son la **Estándar** y la de **Formato**. Se puede:

a) Añadir **Barras de herramientas**:
   1) <u>V</u>er><u>B</u>arras de <u>h</u>erramientas, y se selecciona la deseada.
   2) Aparecen automáticamente en forma flotante (gráficas, imágenes...) y se sitúan donde se desee.

b) Añadir botones a una **Barra de herramientas**:
   - Seleccionar la **Flecha** de la derecha de la **Barra de herramientas** ><u>P</u>ersonalizar barra de herramientas...

c) Desplazar una **Barra de herramientas**:
   - Pinchar sobre la columna de puntos de la izquierda de la **Barra de herramientas**, y arrastrar a la posición deseada.

BARRA DE FORMULAS

- La **Barra de fórmulas** muestra la fórmula que se encuentra en una determinada celda.
  - LO QUE SE VE EN UNA CELDA **NO** ES LO QUE CONTIENE.
    - En este caso, en la celda A1 se ve el número 3, pero en realidad lo que contiene es la suma de las casillas B2 y B3.
    - Al pinchar sobre ella el contenido REAL se muestra en la **Barra de fórmulas**.

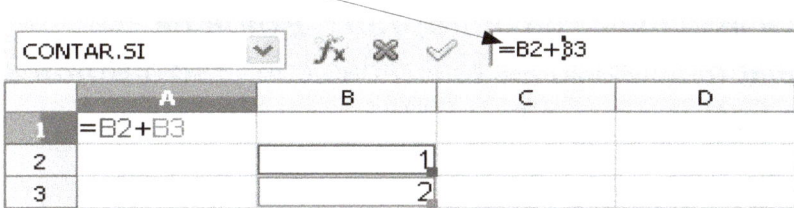

- Mediante doble click o **F2** también podemos editar sobre la propia celda.

ARCHIVO, HOJA ACTIVA

- La **Hoja activa** es la que resalta en blanco.
- Al pinchar con el botón derecho sobre la pestaña de cualquiera de las **Hojas del Archivo**, aparece el siguiente **Menú contextual**.

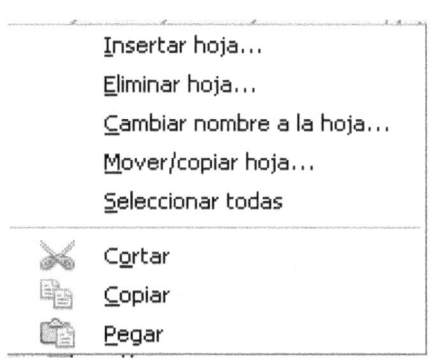

- Nota: Las opciones **Cortar, Copiar y Pegar** NO se refieren a la **Hoja activa**, sino al contenido de la **Celda activa.**

- Se pueden seleccionar varias hojas con **Ctrl+Click** (sobre la pestaña de la hoja)

LA CELDA ACTIVA

- Le celda recuadrada en negrita será la activa en cada instante.
- La **Barra de fórmulas** hace referencia a la celda activa, y su contenido es editable.

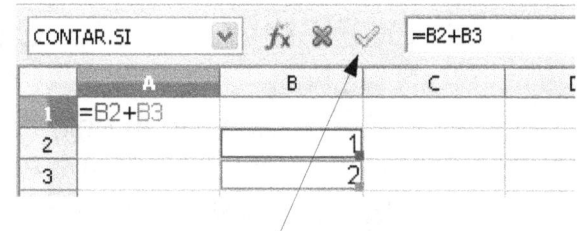

- Una vez editada la fórmula podemos:
  a) *Aceptar* la fórmula con: **Intro**, **Tab** o **Botón ok**.
  b) *Cancelar* modificaciones realizadas con: **Esc** o **Botón aspa**.
- La **Celda activa** se puede cambiar utilizando:
  - El ratón.
  - Las teclas de cursor.
  - Las teclas **Inicio** o **Fin**.
  - Las teclas **RePag** o **AvPag**.
  - Combinaciones **Ctrl**+Teclas anteriores. Sitúa la **Celda activa** en las correspondientes (celda, fila, página) no vacías

LA BARRA DE ESTADO I

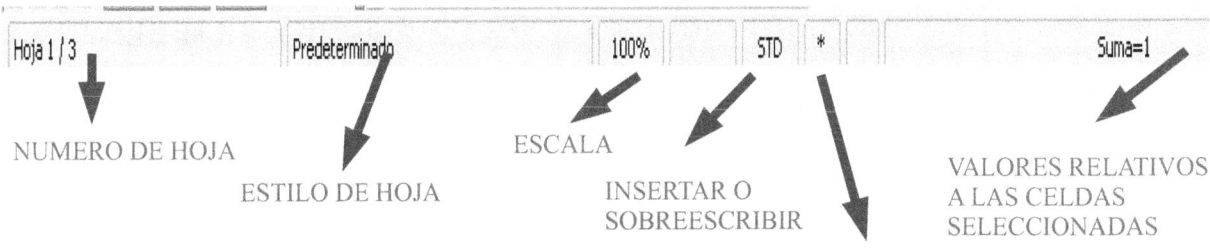

- En este ejemplo se puede deducir que:
  - Estamos en la primera de 3 hojas.
  - El texto se escribirá en estilo **Predeterminado**.
  - La Hoja de cálculo se visualiza a **Escala** real.
  - Se sobrescribe el texto de la celda.
  - Quedan cambios realizados pendientes de guardar.
  - Todas las celdas seleccionadas suman 1.
- Varios de estos apartados son modificables.
  - Para acceder a ellos se puede realizar un click, doble, o click con el botón derecho sobre el elemento.
  - Los diálogos correspondientes se muestran en la siguiente transparencia.

LA BARRA DE ESTADO II

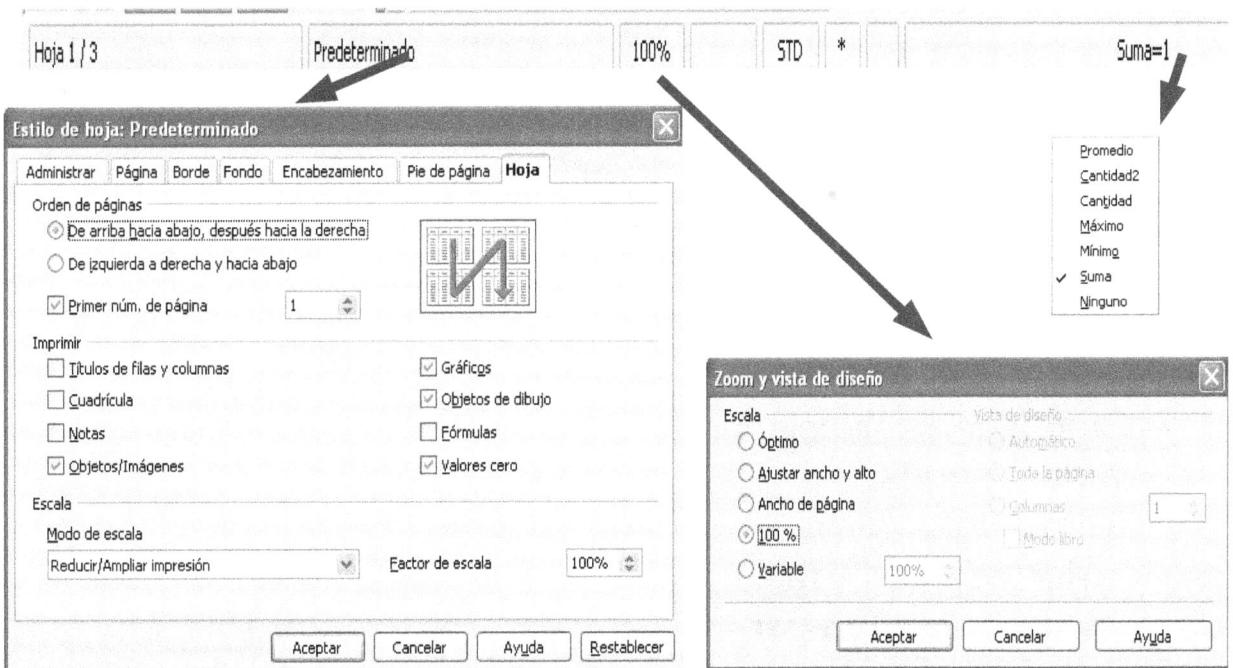

SELECCIÓN DE CELDAS I

- La celda se nombra mediante combinaciones de una letra y un número (A3).
- Un rango de celdas se nombra utilizando el símbolo ":" (B3:D6) tal y como indica el siguiente ejemplo.

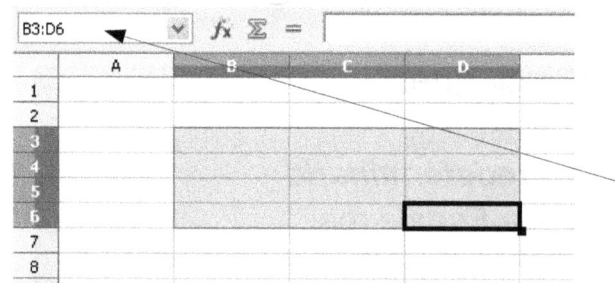

- El rango seleccionado es el B3:D6. Al seleccionarlo se muestra en el **Cuadro de nombre**.

- La selección de rangos se realiza:
    a) Arrastrando el ratón sobre las celdas.
    b) La tecla de Mayúsculas + ratón
    c) La tecla de Mayúsculas + combinaciones de teclas (cursor, Ctrl+tecla de fin, inicio, etc.).
    d) Estado *Extendido* (**EXT**) de la *Barra de estado* + ratón.

SELECCIONES DE CELDAS II

- Se pueden seleccionar varias filas (columnas) arrastrando el ratón sobre los números(letras) de los márgenes.

- Se pueden seleccionar varios rangos utilizando:
    a) La tecla *Ctrl* + ratón.
    b) La opción *Agregar* (**AGR**) de la *Barra de estado* + ratón.

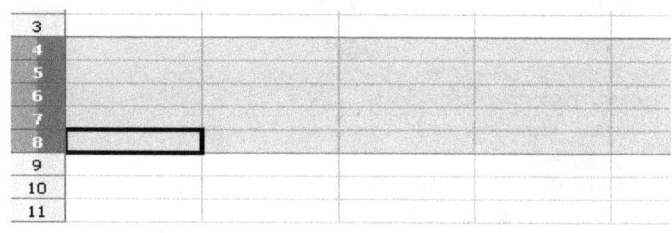

INSERTAR Y ELIMINAR CELDAS I

A) Se pueden **Insertar** o **Eliminar** *CELDAS* mediante:
   a) El menú **Insertar>Celdas**.
   b) El *Menú contextual* (sobre una celda)**>Insertar...**

B) Se pueden **Insertar** o **Eliminar** *FILAS* (o *COLUMNAS*) mediante:
   a) El menú **Insertar>Celdas>Insertar filas (o columnas) completas**.
   b) El *Menú contextual* (seleccionando una fila o columna)**>Insertar filas (o columnas)**

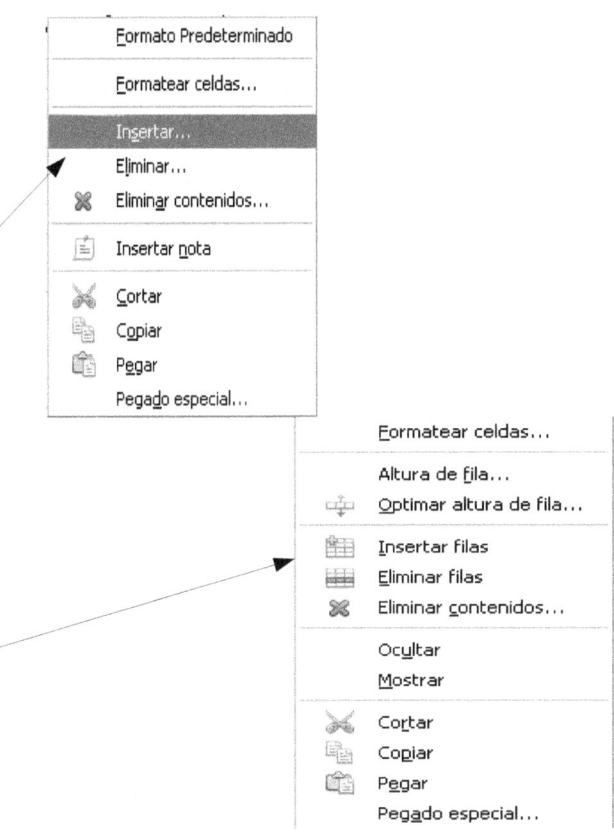

INSERTAR Y ELIMINAR CELDAS II

- **Insertar** (o **Eliminar**) una celda provoca el desplazamiento de las celdas contiguas.
  - Este se realizará según nuestras indicaciones.

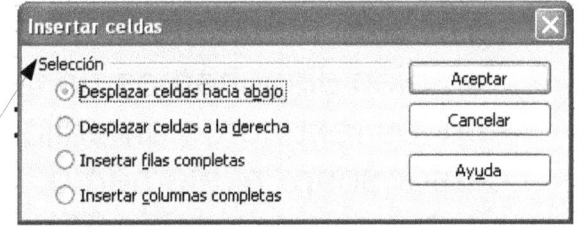

- En vez de **Eliminar** la celda, también podemos eliminar su contenido mediante la tecla **Supr**.
  - Aparecerá el siguiente diálogo que nos pregunta por el elemento concreto que queremos eliminar.

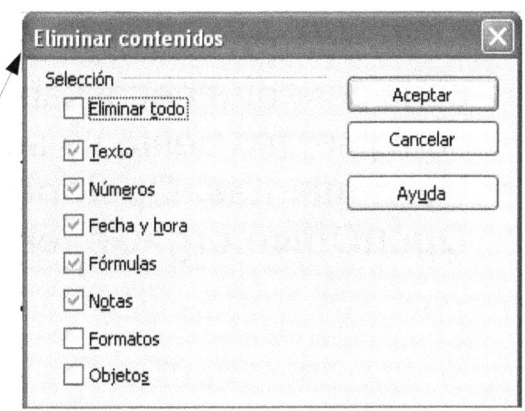

Introducción a Calc. Manual visual de la Hoja de Cálculo de Open Office

LA AYUDA DE OPEN OFFICE

- El último botón de la **Barra de herramientas Estándar** abre una ventana de ayuda global para todos los programas de OOffice.

- El área de navegación se divide en cuatro pestañas:
  a) **Contenidos**: Presenta la información por volúmenes.
  b) **Índice**: Presenta la información por palabras clave.
  c) **Buscar**: Localiza páginas con la palabra clave indicada.
  d) **Marcadores**: Lista los marcadores creados en diferentes páginas de la **Ayuda**. Estos se crean con el **Menú contextual**.

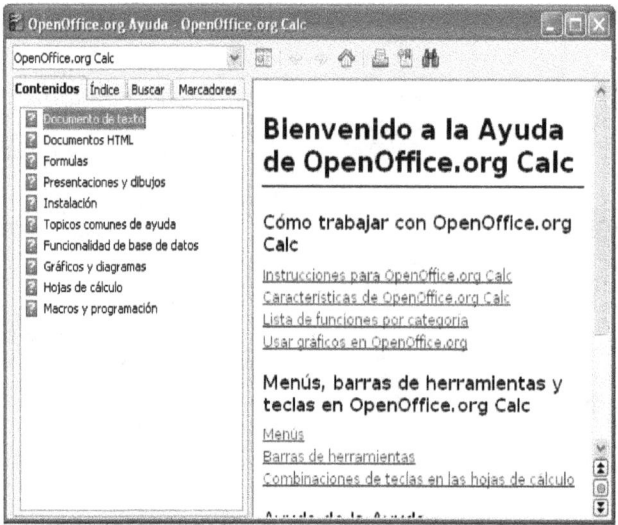

AYUDA CONTEXTUAL

1) Aquellos elementos que dispongan de ayuda, la ofrecerán mediante el botón **F1**.
2) También disponemos de la **Ayudas emergentes** que son los recuadros amarillos que aparecen al situar el cursor sobre el elemento.
3) La **Ayuda activa** se solicita mediante la opción **¿Qué es esto?** con el siguiente botón.
4) El **Ayudante** se activará automáticamente cuando considere que necesitamos ayuda. Para activarlo en cualquier momento se accede a **Herramientas>Opciones> OpenOffice.org>General**

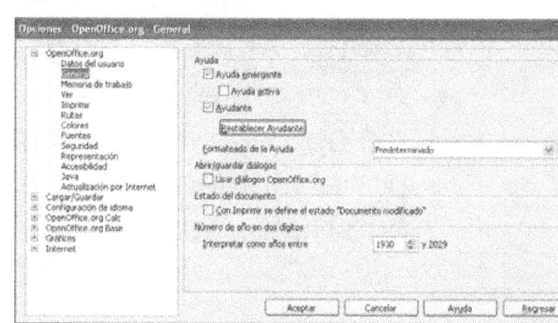

INTRODUCCIÓN A CALC

TEMA 2: RÓTULOS, DATOS Y FÓRMULAS

ÍNDICE

- Tipos de datos.
- Rótulos.
- Valores numéricos.
- Fórmulas.
- Operadores aritméticos.
- Operadores de texto.
- Operadores de comparación.
- Prioridad entre operadores.

TIPOS DE DATOS

- Para este curso clasificaremos los datos en tres grupos:
  a) Rótulos
  b) Datos (fijos o variables)
  c) Fórmulas

A) Los **Rótulos** suelen ser texto y ayudan a interpretar los datos que se presentan.
  - Para diferenciarlos se escribirán en **negrita y subrayado**.

B) Los Datos pueden ser:
  a) Números(24 años de edad) o letras (apellidos Marcos Romero).
  b) Fijos (16% de IVA), *variables* (*25 años de amortización*), o calculados (10% de descuento).
  - Los *Datos Variables* se escribirán en cursiva.

E) Las Fórmulas se escribirán con fondo de color amarillo.

RÓTULOS I

A) Al escribir un texto sobre una celda este puede desplazarse sobre otras casillas en caso de que no cupiese en ella y tuviese espacio en las contiguas.
- Para que el texto ocupe una sola celda podemos:
  a) Aumentar el tamaño de la casilla.
  b) Agrupar varias celdas utilizando **Menu contextual> Agrupar**.
  c) Desplazar el texto en vertical mediante:
    a) La combinación de teclas **Ctrl+Intro**.
    b) **Menú contextual>Formatear Celdas...>Alineación>Ajustar texto automáticamente.**

B) Al igual que en Writer, el texto de las celdas se puede alinear (*izquierda, derecha, centrado, justificado*) mediante los botones de **Alineado**.
- *Calc* realiza un alineación por defecto dependiendo de la interpretación que realiza del contenido:
  a) <u>Alineación derecha</u>: Para datos numéricos
  b) <u>Alineación izquierda</u>: Para datos alfanuméricos.

VALORES NUMÉRICOS I

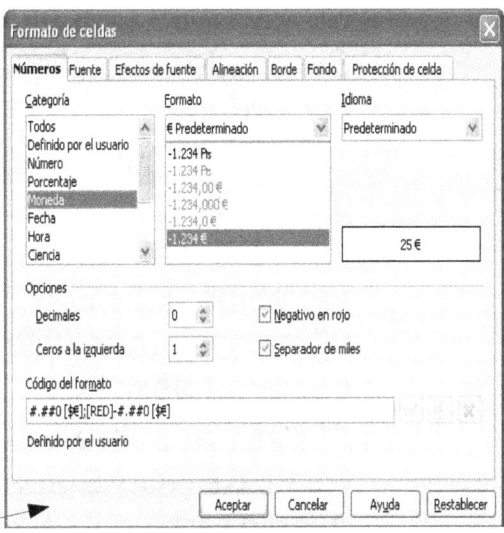

- El valor =24 se interpreta como un número, pero si nos interesase que se interprete como un texto deberíamos de indicarlo con el **apóstrofo** (='24).
- Los *valores numéricos* tienen múltiples formatos: Número (25), número con decimales (25,00), moneda (25€), porcentaje (25%), fecha (24/1/00), etc.
- El formato de la celda se puede seleccionar:
  a) En el **Menú contextual> Formatear celdas...**
  b) En la **Barra de Formato**.

VALORES NUMÉRICOS II
FECHAS Y HORAS

- Si un **_valor numérico_** no cabe en la celda asignada, este se visualiza como ###. Para verlo correctamente podemos:
  a) Proceder tal y como hacíamos con los **Rótulos**.
  b) Cambiarle el formato (disminuyendo el tamaño del carácter).
- Formato para **FECHAS** Y **HORAS**:
  - UNA *FECHA* PARA CALC ES UN **NÚMERO**.
  - UNA *HORA* PARA CALC ES UN **NÚMERO DECIMAL**.
- Veamos unos ejemplos:
  - El número 1 en formato *Fecha* equivale al 31/12/1899, el 2 representa el 1/1/1900, y así sucesivamente.
  - El 0,5 en formato *Hora* muestra las 12 del medio día (12:00:00).
  - El 1,5:
    - En formato *Fecha* muestra el 31/12/1899.
    - En formato *Hora* muestra las 12:00:00.
    - En formato "*Combinado*" muestra 31/12/1899 12:00:00.

FÓRMULAS I

- Características de las fórmulas:
    a) Se escriben precedidas del signo igual (=A3+B4)
    b) Se pueden modificar en la propia celda o en la **Barra de fórmulas**.
    c) **Calc** recalcula el resultado de las fórmulas si se modifica algún dato.
    d) Las fórmulas pueden utilizar datos fijos (23, 45, etc.) o variables (REFERENCIAS como A1, B5, etc.). Son estos últimos los mas útiles ya que pueden modificarse, o copiarse *absoluta* o *relativamente*.
    e) Al pinchar sobre una celda con una fórmula, las celdas con REFERENCIAS aparecerán coloreadas y podrán desplazarse con el ratón cuando aparece la mano al pasar sobre ellas.
    f) Es recomendable comprobar los resultados de las fórmulas con números sencillos antes de darlas por correctas.

FÓRMULAS II. OPERADORES.

- Los operadores utilizados en las fórmulas se clasifican en:
    a) *Aritméticos*: Devuelven números
    b) *De texto*: Devuelven texto
    c) *De comparación*: Devuelven valores lógicos.
- Los **Errores** de las fórmulas se muestran como:
    a) **#Texto.** Por ejemplo:
        - #NUMERO!:Elevar el 0 a una potencia negativa
        - #DIV/0!:Dividir por cero.
        - #REF!:Error de referencia.
        - #NAME?, #N/A, ...
    b) **Err:Num.** Por ejemplo:
        - Err:502 Argumento inválido (número negativo para una raíz)
        - Err:511 Falta una variable en la fórmula.

OPERADORES ARITMÉTICOS

- Los operadores aritméticos más usuales son prácticamente iguales a como los conocemos:
  - Suma: +
  - Resta: -
  - Multiplicación: *
  - División: /
  - Potencia: ^
  - Negación: -
  - Porcentaje: %

OPERADOR DE TEXTO

- El único operador de texto es el de **CONCATENACIÓN()** o "**&**".
- Se utiliza para unir dos cadenas de caracteres. Por ejemplo:
  - "Juan"&"Pablo" ofrece como resultado "JuanPablo"
  - "Juan"& "&"Pablo" ofrece como resultado "Juan Pablo"
- La *Concatenación* espera que los valores concatenados sean textos. De no ser así el programa realiza AUTOMÁTICAMENTE la conversión:
  - "11"& "&"Kilos" ofrece como resultado "11 Kilos" (texto).
  - Si queremos que *11 Kilos* sea un número:
    - Hay modificar el formato (**F̲ormatear celdas....**) de la celda para añadir el sufijo "Kilos" al Código de formato #,##.

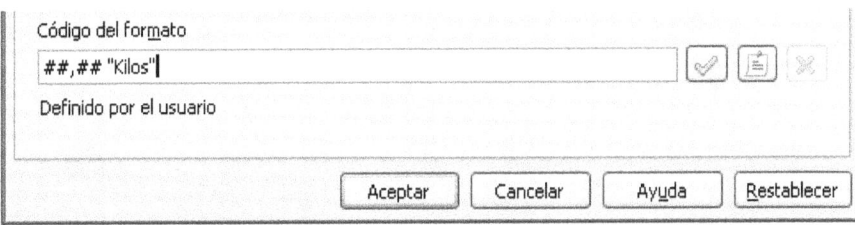

OPERADORES DE COMPARACIÓN

- Hay dos tipos de **Valores lógicos**:
  a) VERDADERO (1)
  b) FALSO (0)
- En algunos casos concretos, cualquier otro valor distinto de "0" puede ser interpretado por una **Función lógica** como VERDADERO.
- Los **Operadores de comparación** operan con **Variables** (números, texto, valores lógicos, etc.) pero su resultado es siempre un **Valor lógico** (VERDADERO O FALSO):
  a) *Igualdad* : = (3=4 devuelve FALSO).
  b) *Mayor*: > (3>4 devuelve FALSO).
  c) *Menor*: < (3<4 devuelve VERDADERO).
  d) *Mayor o igual*: >= (3>=4 devuelve FALSO).
  e) *Distinto*: <> (3<>4 devuelve VERDADERO).

PRIORIDAD ENTRE OPERADORES

- Orden de mayor a menor prioridad en la ejecución de operaciones:
  - Operadores Unitarios (-, %)
  - Potencia (^)
  - Multiplicación y división (*, /)
  - Suma y resta (+, -)
  - Concatenación (&)
  - Operadores de comparación (>, <; >=; <=, <>)
- Dentro del mismo orden de prioridad, en una fórmula se prioriza de izquierda a derecha.
- En caso de duda, se recomienda utilizar el paréntesis para realizar las agrupaciones necesarias.

INTRODUCCIÓN A CALC

TEMA 3: PRESENTACIÓN DE DATOS

ÍNDICE

- Formato de celda
- Ficha números
- Altos y anchos en filas y columnas
- Códigos de formato
- Enlazar códigos
- Códigos para fechas y horas
- Alineación.
- Formato para las fuentes
- Bordes y fondos
- Proteger contra cambios
- Ocultar contenidos
- Estilos de formato
- Nuevo estilo de celda
- Formatos condicionales
- Formato automático

FORMATO DE CELDA

- Cada celda se caracteriza por dos elementos:
  a) Formato
  b) Contenido.
- Un mismo dato puede mostrar valores diferentes cuando se modifica su formato.
  - Por ejemplo, no es lo mismo el 12453 en formato **Número** (12353) que en formato **Fecha** (03/02/34).
- El **Formato** de una celda se puede modificar desde:
  A) El diálogo **Formato de celdas**, el cual se analizará en las siguientes transparencias. Es accesible desde los menús:
    a) **F**ormato>**C**eldas...
    b) *Menú contextual>* **F**ormatear celdas...
  C) La **Barra de herramientas**.

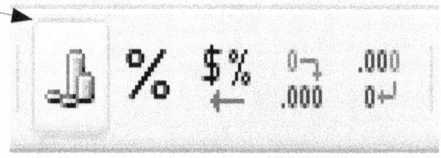

MENÚ FORMATO CELDAS
FICHA NÚMEROS I

- Elementos del diálogo **F**ormato>**C**eldas...> **Números**:

a) **C**ategoría: Indica la interpretación que Calc hará del contenido de la celda.

b) **F**ormato: Especifica la forma concreta de la **C**ategoría.

c) Si en **I**dioma seleccionamos el *Inglés* la **C**ategoría *Moneda* seleccionará automáticamente el **F**ormato *Libra*

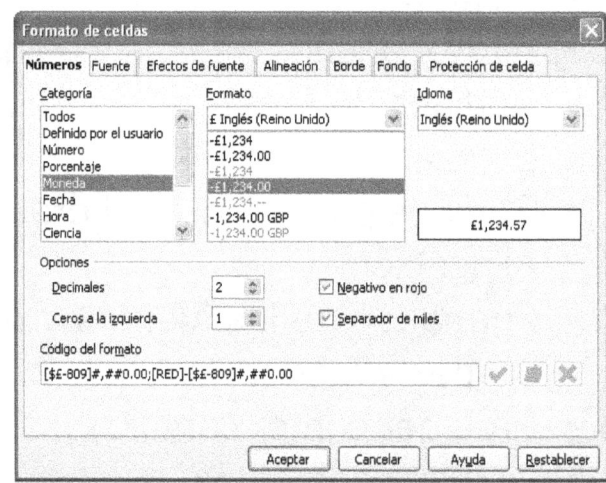

FICHA NÚMEROS II

- **Opciones:**
    d) Número de **Decimales** que se muestran.
    e) Número de **Ceros a la izquierda** que se completan.
- Se puede optar por añadir dos elementos de estilo habituales en contabilidad:
    f) **Negativo en rojo**.
    g) **Separador de miles**.

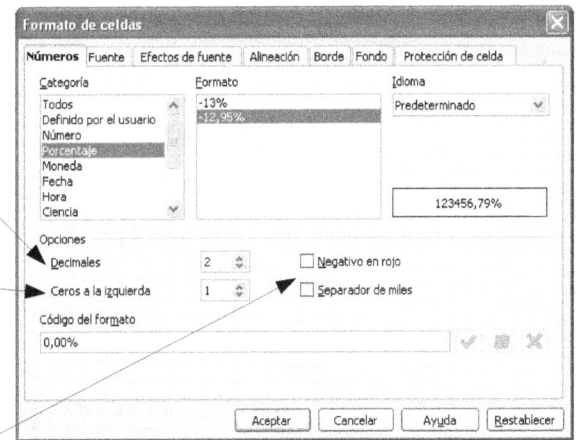

ALTOS Y ANCHOS EN FILAS Y EN COLUMNAS

- Para ajustar anchos y altos de celdas podemos:

A) Al situar el ratón sobre la separación entre letras (para ajustar las columnas), o entre los números (para ajustar las filas) aparece el *Manejador*. Podemos:
  a) *Arrastrarlo*: Ajusta manualmente el ancho.
  b) Hacer *doble click* sobre él: Ajusta el ancho automáticamente al contenido.

B) *Autoajustar* mediante **Formato> Columna> Ancho óptimo...** (Idem con **Fila**)

C) *Menú contextual* (al situarse sobre las celdas con letras o números) con las opciones **Optimizar ancho de columna...** y **Optimizar alto de fila...**

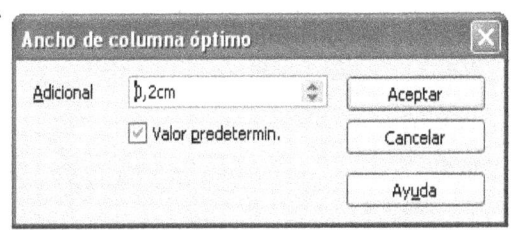
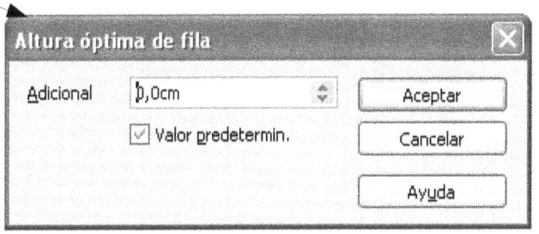

FICHA NÚMEROS III
Código de formato

- Además de seleccionar un **Formato** para una celda de entre las opciones disponibles, es posible realizar modificaciones a medida mediante los **Códigos de formato**.
- Estas modificaciones se escriben directamente en el campo **Código del formato**.
  - Se comprueba que el resultado es coherente en la **Casilla ejemplo**.
  - Si previamente no ha sido definido el formato creado, este se clasificará como **Categoría>Definido por el usuario.**

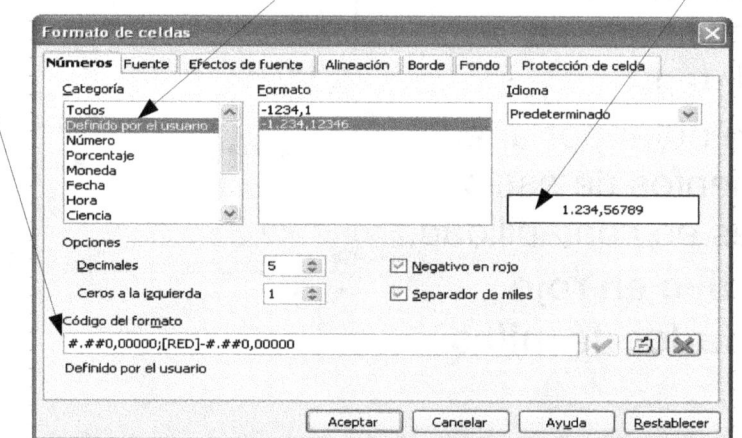

CÓDIGOS DE FORMATO PARA UN NÚMERO (-2345,23)

- , : Coma decimal.
- . :Punto de millar
- / :Compone una fracción.
- + o - : Signo. Con "[BLUE] #,#; [RED] -#,#" se muestra como -2345,23
- 0 : Sustituye el valor en la posición o añade un 0. "00000,#" -02345.23
- # :Sustituye el valor en la posición o no añade nada. "#,000" -2345,230
- ? :Sustituye un valor en la posición o añade un espacio. "#0,00?" -2345,23 .
- E o e :Exponente decimal
- "Espacio" : Separa fracciones de parte entera, y base de exponente decimal.
- "Comillas": Para añadir contenidos. #,# "kilos" -2345.23 kilos

ENLAZAR CÓDIGOS

- Podemos enlazar tres combinaciones diferentes para los números: positivos, negativos y el cero.
    - Cada una de ellas vendrá separada por ";".
    - Por ej.:
        - [BLACK]#.##0,00 [$€];[RED]-#.##0,00[$€]; [BLUE]#.##0,00 [$€]
- Colores disponibles: CYAN, GREEN, BLACK, BLUE, MAGENTA, RED, WHITE y YELLOW
- El comando que viene a continuación del "$" se utiliza para representar las monedas.
    - Tipos de monedas más comunes: €, $, GBP, CAD, USD, RUR, JPY, etc
- A continuación se presentan los códigos de formato para fechas y horas.

CÓDIGOS PARA FECHAS Y HORAS I

- **Códigos de Formato** para fechas y horas. Se muestra, con cada código, el contenido de la celda para la fecha 2/6/1906:
    - AAAA : Año completo. 1906
    - AA : Últimas dos cifras del año. 06
    - QQ : Trimestres del 1er al 4º trimestre. 2º trimestre
    - Q : Trimestres del T1 al T4. T2
    - MMMMM: Meses de e (enero) a d (diciembre). j
    - MMMM : Meses de enero a diciembre. junio
    - MMM: Meses de ene a dic. jun
    - MM: Meses de 01 al 12. 06
    - M: Meses del 1 al 12. 6
    - WW : Número de semana del año. 22

Introducción a Calc. Manual visual de la Hoja de Cálculo de Open Office

CÓDIGOS PARA FECHAS Y HORAS II

- Más ***Códigos de Formato*** para fechas y horas. Se muestra, con cada código, el contenido de la celda para la fecha 2/6/1906 a las 12:00:00.
  - DDDD : Días de la semana de lunes a domingo. Sábado
  - DDD : Días de la semana de lun a dom. Sáb
  - DD : Días del mes del 01 al 31. 02
  - D : Días del mes del 1 al 31. 2
  - HH : Horas de 00 a 23. 12
  - H : Horas de 0 a 23. 12
  - MM : Minutos del 00 al 59. 0
  - M : Minutos de 0 a 59.
  - SS : Segundos de 0 a 59. 00
  - S : Segundos del 0 al 59. 00

CÓDIGOS PARA FECHAS Y HORAS III

- En el caso de usar combinaciones que incluyen parámetros de fecha, es posible incluir dentro de las horas (por ejemplo) todo el valor entero (superior a 24 horas). Para ello utilizaremos el corchete ([ ]).
  - [HH]:MM:SS para horas
  - [HH]° MM' SS" para grados
- Por ejemplo:
  - 2,34 horas en formato:
    - **a) HH:MM:SS** presentaría el valor 08:09:36
    - **b) [HH]:MM:SS** presentaría el valor 56:09:36

ALINEACIÓN I
Disposición y edición del texto en una celda

- Se ofrecen todas las opciones de alineación en el menú **Formato>Alineación> Alineación de texto.**

  a) Los tipos de Alineación **Horizontal** son: *Izquierda, Centrado, Derecha* y *Justificado.*

  b) La **Sangría** con *Alineación Horizontal* Izquierda se especifica por puntos.

  c) La Alineación **Vertical**, puede ser: *Predeterminada, Arriba, Centrada* y *Abajo.*

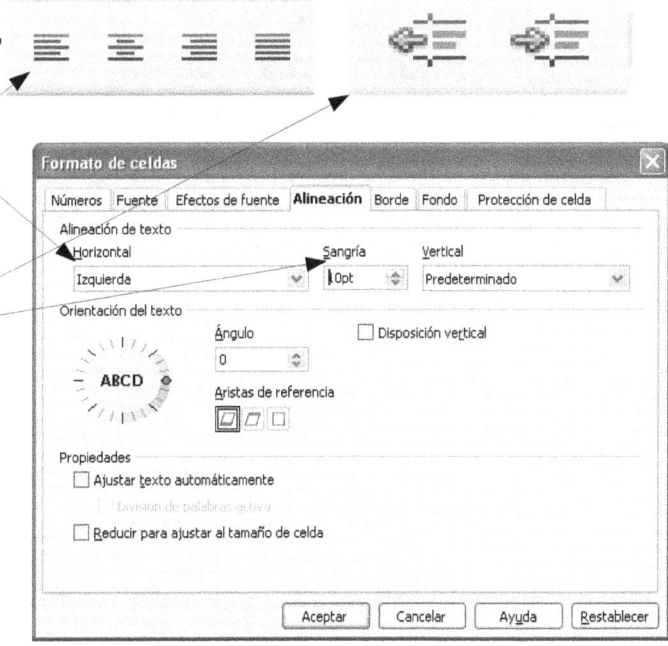

ALINEACIÓN II
Propiedades

d) **Ajustar el texto automáticamente** modifica la altura de la celda para que el texto quepa en el ancho que se desee. Mediante la **División de palabras activa**, o sin ella.

  - También se puede realizar este ajuste realizando *Saltos de línea* dentro de las celdas mediante la combinación **Ctrl + Intro.**

f) Para ajustar el texto a una celda también se puede **Reducir para ajustar al tamaño de la celda,** lo que reduciría el texto hasta caber en la celda.

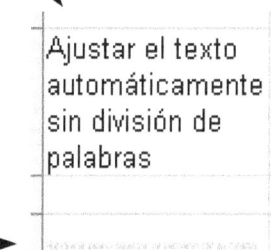

ALINEACIÓN III
Propiedades.

f) La opción de *Relleno* dentro de la **Alineación de texto Horizontal** permite que en apariencia la celda aparezca rellena.

- Repite, hasta completar todo el espacio, el texto que originariamente contenía la celda.
- Se puede hacer que el Texto:
    g) Tenga una **Disposición ve_r_tical.**
    i) Forme un **Ángulo determinado** respecto de la horizontal.
    - El ángulo se formará a partir de las **Aristas de referencia**.

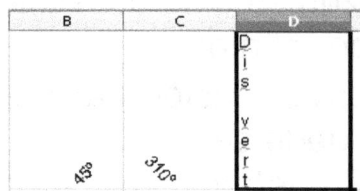

FORMATO PARA LAS FUENTES

A) El menú **_F_ormato>_C_elda...>Fuente** permite modificar los elementos relativos al formato de la **CELDA**.
- Se puede modificar:
    a) El **Tamaño.**
    b) La **Fue_n_te.**
    c) El **E_s_tilo**
    d) El **I_d_ioma.**

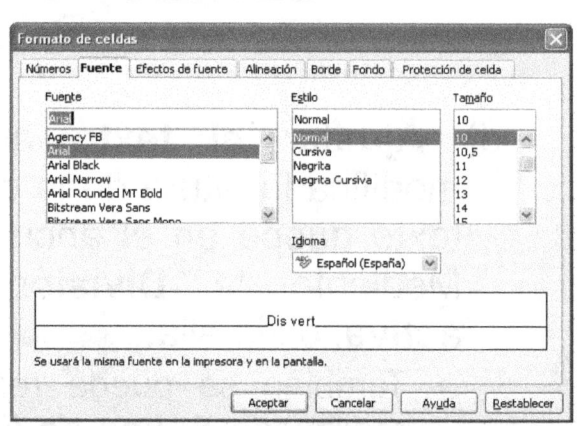

C) El menú **_F_ormato>Carácter...** permite realizar las mismas modificaciones, pero sólo afectarán a los **CARACTERES** seleccionados.
- En el *Caso A)* (formatear una celda), los cambios afectaban a TODOS los caracteres de la celda.

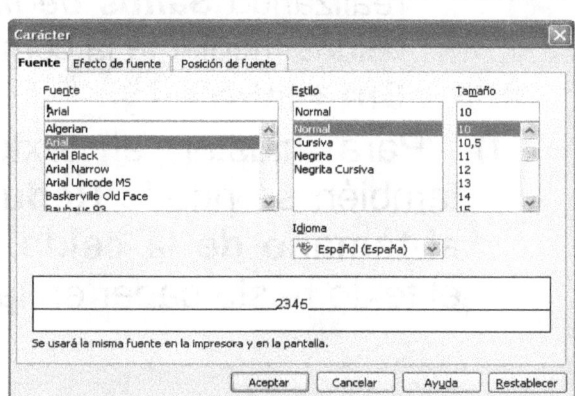

TEMA 3. Presentación de datos

EFECTOS DE FUENTE

- **Formato>Celda...>Efectos de fuente** permite cambiar los siguientes parámetros de una celda:

    a) **Subrayado** (Sin, Sencillo, Doble, Negrita, Punteado, Punteado negrita, Trazo).

    b) **Color**.

    c) **Tachado** (Sin, Sencillo, Doble, Negrita, Relieve, Con /, Con X).

    d) **Relieve** (Ninguno, Saliente y ahondado)

    e) **Color de fuente**.

- Y añadir:

    a) **Contorno**.

    b) **Sombra**.

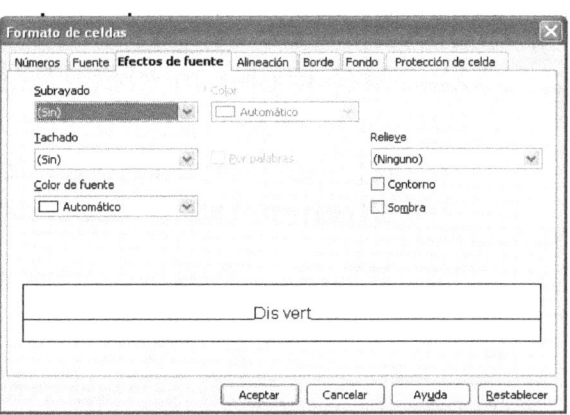

BORDES Y FONDOS

- Dentro del menú **Formato de celdas**, en las pestañas **Borde** y **Fondo**, se realizan las modificaciones correspondientes a la celda o grupos de celdas seleccionados.

- El **Borde** también se puede modificar directamente desde la **Barra de Herramientas de Formato**.

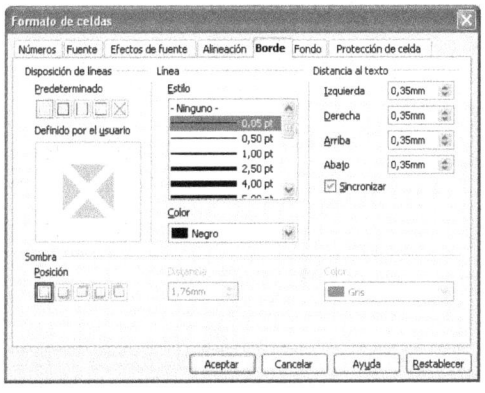
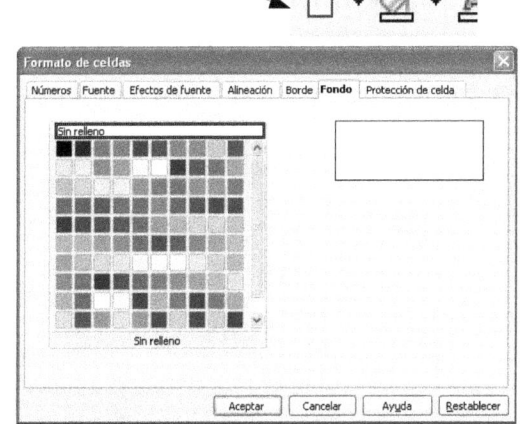

PROTEGER CONTRA CAMBIOS I

- Dentro del menú **Formato de celdas>Protección de celda** se realizan las modificaciones correspondientes a la protección frente a cambios.

A) *Protección de celdas*.

  a) Mediante la opción **Protegido** se protege la celda siempre y cuando la *Hoja* se encuentre *Protegida*.
   - La protección de **Hoja...** (o **Docume<u>n</u>to...**) se realiza desde **Herramientas>Proteger documento>Hoja... o Documento...**

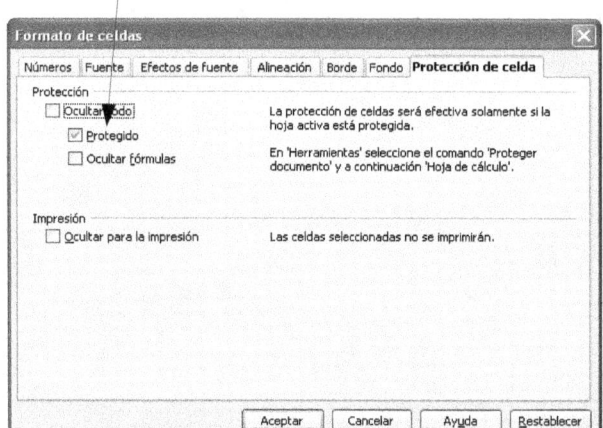

PROTEGER CONTRA CAMBIOS II

b) Las opciones en **Proteger un documento** son:
  i. Proteger la **Hoja...**:
     - Se protegerán aquellas celdas previamente marcadas con **Protegido**.
  ii. Proteger el **Documento...**:
     - El documento no se puede *eliminar, copiar, mover, renombrar o añadir hojas*, pero **SI** que se puede *modificar,* si la propia hoja no está protegida.

c) Se protege con usuario y password.

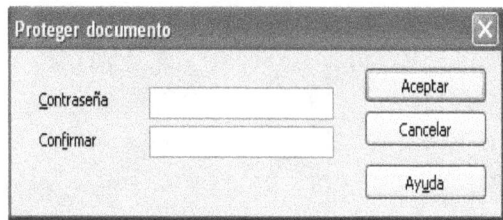

OCULTAR CONTENIDOS

B) *Ocultar* contenidos:

a) Ocultar *celdas*:
- **Formatear celdas...>Protección de celda>**
  - a) **>Ocultar fórmulas** : desaparece la fórmula y sólo muestra el resultado
  - b) **>Ocultar todo** : la celda se muestra en blanco.
  - c) **>Ocultar para la impresión** : Idem que *Ocultar todo*, pero desaparece cuando se imprime.
- *Nota:* Para que surja efecto es necesario proteger la hoja.

c) Ocultar *filas* (o *columnas*):
- **Formato>Fila (Columna)>**
  - a) **>Ocultar** : Oculta la fila (columna) seleccionada.
  - b) **>Mostrar** : Muestra la fila (columna) seleccionada.
- Se observa que desaparece el número (letra) correspondiente a la fila (columna).
- *Nota:* **NO** se pueden ocultar (o mostrar) filas (columnas) en una HOJA protegida.

ESTILOS DE FORMATO

- **Formato>Estilo y formato** (F11) presenta la siguiente ventana que muestra los estilos de celda y de página.
- El *Menú contextual* sobre los estilos ofrece las posibilidades de
  a) **Nuevo...**
  b) **Modificar...**
- A continuación veremos como crear un NUEVO estilo a partir del seleccionado.

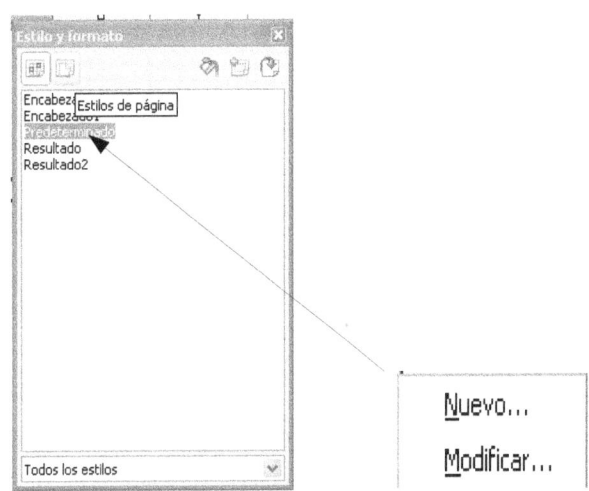

NUEVO ESTILO DE CELDA I

- Crearemos un **Nuevo...** estilo de CELDA a partir del *Predeterminado* tal y como se indica en la transparencia anterior.
- La ventana que aparece es la misma (ya vista) del menú contextual **Formatear celdas...**, a diferencia de la primera pestaña (**Administrar**) :

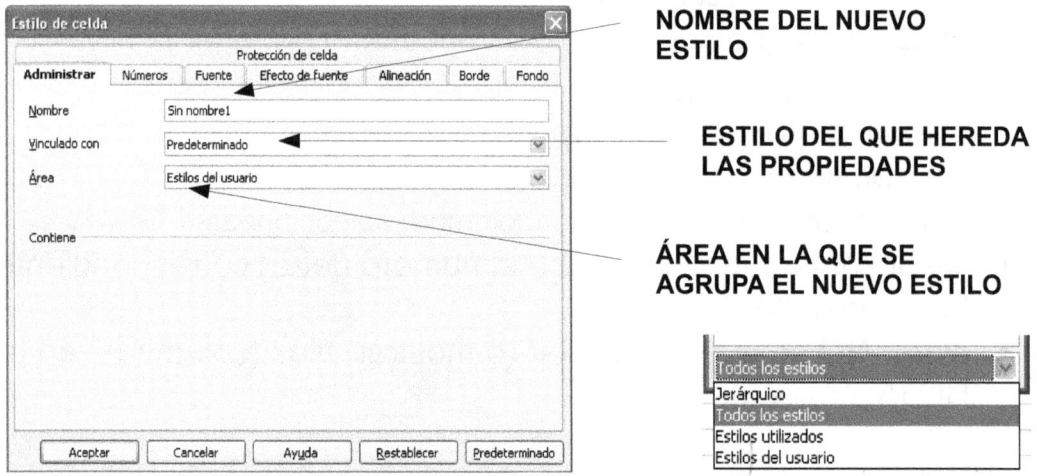

NOMBRE DEL NUEVO ESTILO

ESTILO DEL QUE HEREDA LAS PROPIEDADES

ÁREA EN LA QUE SE AGRUPA EL NUEVO ESTILO

NUEVO ESTILO DE CELDA II
Aplicar el *Nuevo* estilo

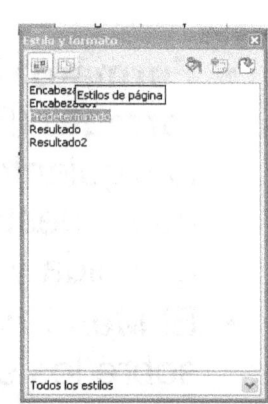

- Una vez creado, el **Nuevo...** estilo, este se aplicará sobre la celda seleccionada.
- Si queremos trasladar dicho estilo a otras celdas, se puede :
    a) Seleccionar la celda y hacer doble click sobre el estilo (en el diálogo *Estilo y formato*).
    b) Mediante el *Primer botón* (**Regadera**) trasladamos el estilo seleccionado a las celdas sobre las que se vuelque esta.
    - Se desactiva volviendo a pulsar el botón.
- Con el *segundo botón* del menú **Estilo y formato**, podemos crear un estilo nuevo a partir de la **Celda activa** (en la que previamente se han realizado modificaciones de formato).
- Con el *tercer botón* se actualiza el formato (del estilo seleccionado) de la **Celda activa**.

FORMATOS CONDICIONALES

- El **Formato>Formateado con<u>d</u>icional...** permite aplicar hasta tres estilos diferentes a una celda (además del que opera por defecto) dependiendo de las condiciones que aplican sobre su valor.

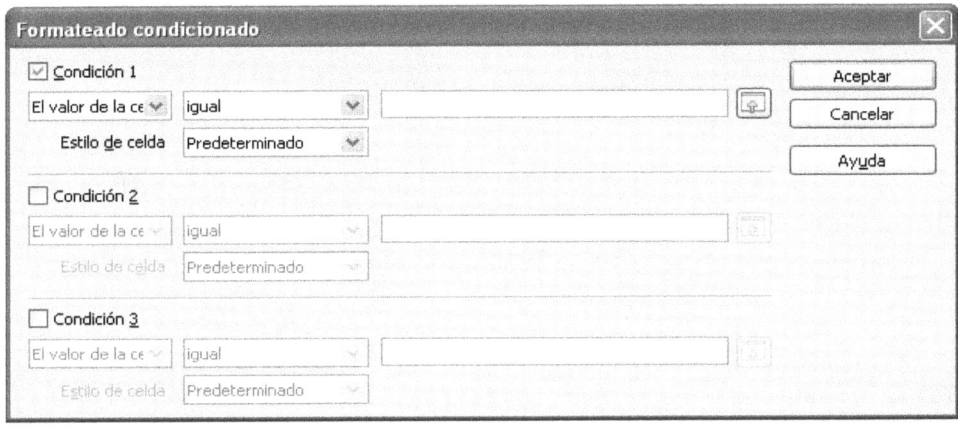

FORMATO AUTOMÁTICO

- *Calc* tiene, por defecto, una serie de formatos que son seleccionables en **Formato>Formateado automático...**
- Previo a aplicar el Formateado automático se han de seleccionar las celdas (al menos tres) sobre las que queremos aplicar el formateado automático.
- Cualquiera de los formatos (excepto el *Predeterminado*) puede ser modificado para actualizarlo a las necesidades del usuario.

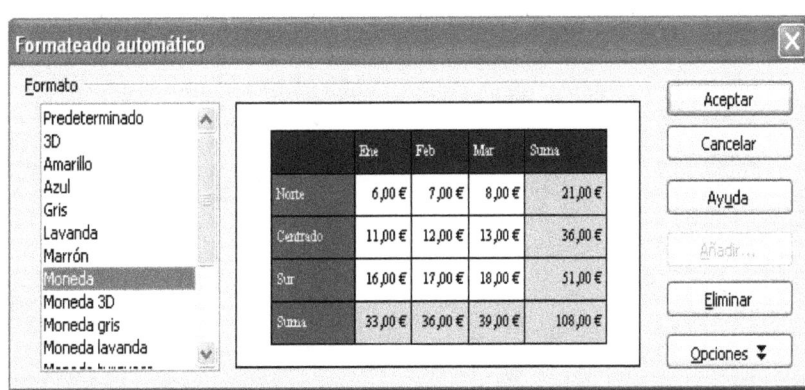

INTRODUCCIÓN A CALC

TEMA 4: RELLENAR. NOMBRE. VALIDACIÓN DE DATOS

ÍNDICE

- El manejador de relleno
- Otras formas de rellenar.
- Series numéricas.
- Tipos de series
- Alineación horizontal de relleno
- Listas ordenadas
- Relleno en edición y lista de selección
- Relleno de rangos mediante edición
- Información en la barra de estado.
- Nombres, etiquetas y relleno.
- Operar utilizando etiquetas.
- Relleno con una valor múltiple
- Copiar, Mover y Pegar de forma especial
- La sintaxis de las referencias
- Referencia a hojas y archivos.
- Operadores de referencias
- Validación de entrada de datos
- Mensaje de error.
- Validar con listas de validación
- Ayuda de entrada.

EL MANEJADOR DE RELLENO

- El *Manejador de relleno* es el "cuadradito" que hay en la esquina inferior derecha de la celda activa (■).
  - Permite rellenar filas (o columnas) de celdas arrastrándolo (con el ratón) en cualquier dirección.
- El relleno puede ser:
  a) Copiar un valor en celdas consecutivas.
  b) Generar una serie.

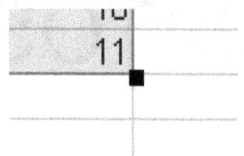

OTRA FORMAS DE RELLENAR

- También es posible rellenar mediante menú. El proceso es el siguiente:
  - 1) Se selecciona el rango a rellenar.
  - 2) **Editar>Rellenar>Arriba o Abajo, Derecha o Izquierda**
- En este proceso *Calc* suele interpretar que queremos generar una serie.
  a) Hacia la *derecha* se rellena ascendentemente.
  b) Hacia la *izquierda*, descendentemente.
- Para copiar únicamente, arrastramos el *Manejador de relleno* + Ctrl

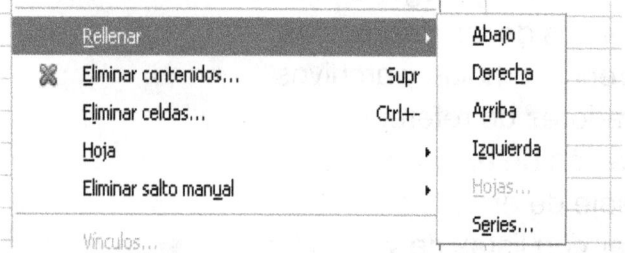

SERIES NUMÉRICAS

- El *Manejador de relleno* incrementa por defecto de 1 en 1.
- Si se quiere una Serie más compleja:
  a) Se puede iniciar la serie para que Calc la complete.
     - Por ej: 1,2,4,........
  b) Se puede definir la serie desde menú:
     - **Editar>Rellenar>Series....**

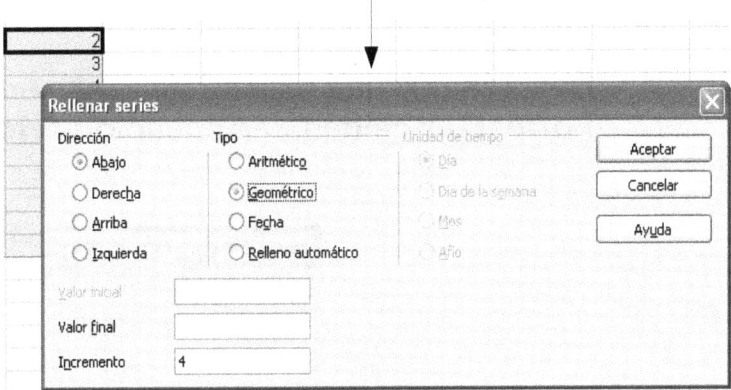

TIPOS DE SERIES

- Como hemos visto, el tipo de serie se especifica en **Editar>Rellenar >Series...**
- Veamos un ejemplo:

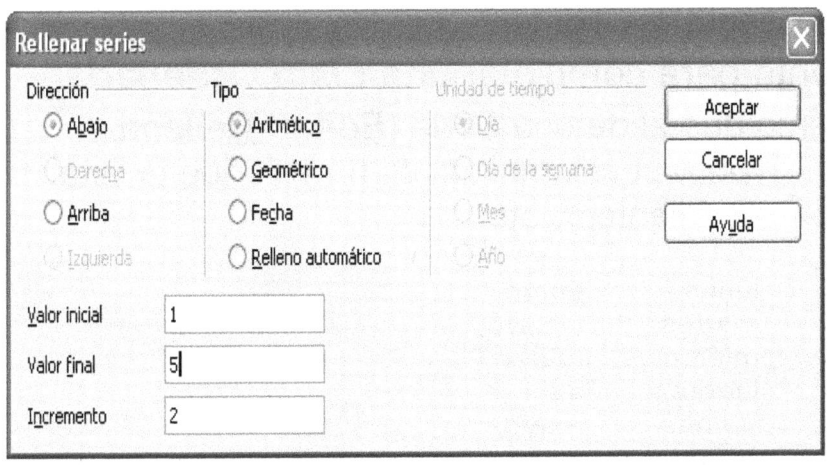

Introducción a Calc. Manual visual de la Hoja de Cálculo de Open Office

ALINEACIÓN HORIZONTAL DE RELLENO.
Rellenar rangos o celdas.

- Hay que diferenciar entre **Rellenar una rango de celdas** y **Rellenar una celda**.
    - a) En el *primer caso* hemos visto que el resultado afecta a varias celdas, ya sea copiando un valor o creando una serie.
    - b) En el *segundo caso* se rellena el espacio de una celda repitiendo su contenido.
        - Recordamos que esto se realizaba en el ***Menú contextual***: **Formatear celdas...>Alineación >Horizontal>Relleno**

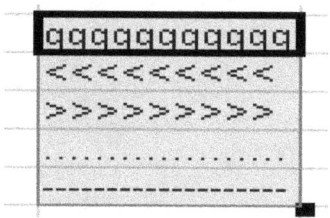

LISTAS ORDENADAS I

- Las **Listas Ordenadas** son listas con textos predeterminados, por ejemplo:
    - *Días de la semana*: Lunes, Martes, ...
    - *Meses del año*: Enero, Febrero, Marzo, ...
    - *Clientes*: Cliente 1, Cliente 2, ...
- Procedimiento para completar una **Lista Ordenada**:
    - Es el mismo que el de una Serie (**Editar>Rellenar >Series...**), pero el valor inicial es un valor de la lista: Lunes, Enero, Cliente 1, etc.

lunes	enero
martes	febrero
miércoles	marzo
jueves	abril
viernes	mayo
sábado	junio
domingo	julio
lunes	agosto
martes	septiembre

TEMA 4. Rellenar. Nombre. Validación de datos

LISTAS ORDENADAS II

- Las Listas se editan en el menú **Herramientas> Opciones...>OpenOffice.org Calc>Ordenar Listas**
  - Sus opciones permiten:
    - a) Crear una lista con **Nuevo**.
    - b) *Modificar* (entrando en la propia lista) una lista ya creada.
    - c) **Eliminar** la lista seleccionada.

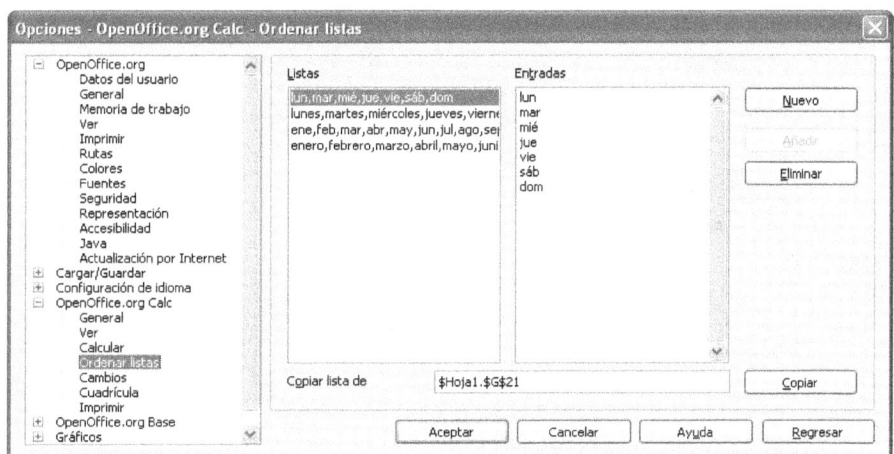

RELLENO EN EDICIÓN, LISTA DE SELECCIÓN y LISTA DE VALIDACIÓN

- Son tres conceptos parecidos, pero que hay que diferenciar:
a) *Relleno en edición*:
  - Al poner la inicial, Calc autocompleta con valores coincidentes de la propia columna.
b) *Menú contextual*>**L**ista de selección...
  - Presenta un desplegable con los datos ya introducidos en esa columna.
  - También accesible con **Ctrl+D**
c) *Lista de validación*.
  - **Datos>Validez...>Criterios>Permitir**. Se analiza en detalle al final del tema.

RELLENO DE RANGOS MEDIANTE EDICIÓN

- Permite completar un rango de celdas con un MISMO *valor*. El procedimiento es el siguiente:
    1) Seleccionamos el rango.
    2) Ponemos el *valor* en la **Celda activa**.
    3) Tecleamos **Alt+Intro**.

	A	B	C	D
1				
2		Facturado		
3	Clientes	enero	febrero	marzo
4	Juan Martinez	1	1	1
5	Pedro Pérez	1	1	1
6	Manuel Marquez	1	1	1

INFORMACIÓN DEL BORDE INFERIOR DE LA BARRA DE ESTADO. Repaso T3

- El proceso es el siguiente:
    - Se seleccionar el rango.
    - Por defecto muestra el valor de la **Suma**, aunque podemos obtener el **Promedio**, el **Máximo**, **Mínimo**, **Cantidad**, etc.

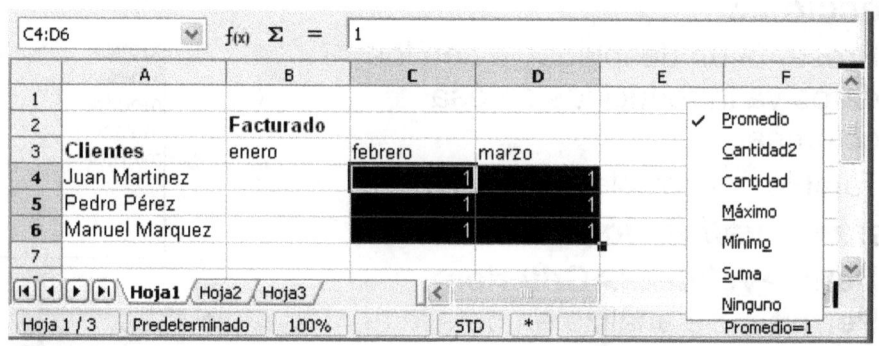

DEFINICIÓN DE NOMBRES (ETIQUETAS)

- La **Definición de nombres** para una celda o rango, se utiliza para referenciar (nombrar) celdas y rangos.
- Se puede realizar de las siguientes formas:
    a) Escribiendo el *"Nombre"* directamente en el **Cuadro de nombre** de la **Barra de fórmulas** + **Intro**.
    b) Seleccionar el rango, y en **Insertar> Nombres> Crear...** se indica donde está el nombre.
    c) Seleccionar el rango y **Insertar>Nombres> Definir nombre...**

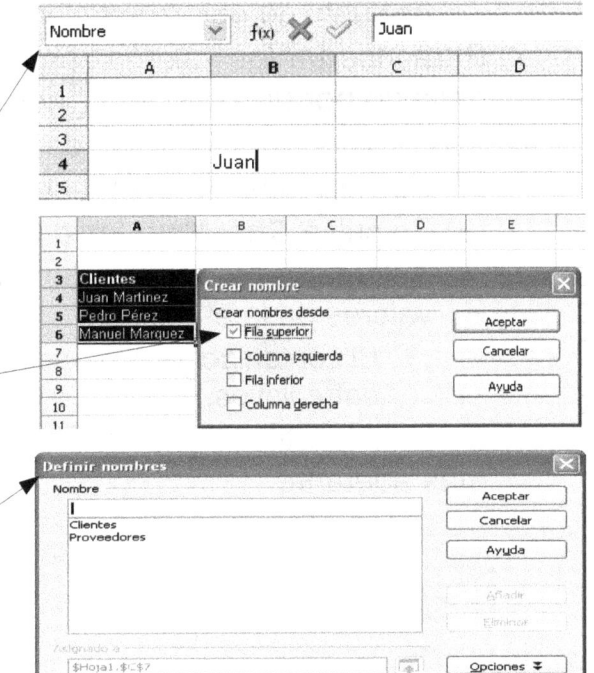

OPERAR UTILIZANDO ETIQUETAS

- Al igual que se hace con los rangos, se puede operar sobre el contenido de las celdas definidas por una **Etiqueta**.
- Por ejemplo:
    =suma('enero') . Sumaría todos los ingresos del mes de enero, ya que Calc interpreta *"enero"* como un rango de datos.

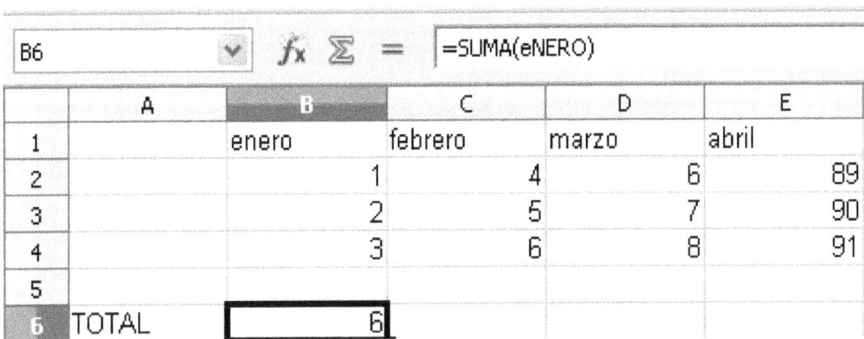

RELLENO CON UN VALOR MÚLTIPLE I

- Un *Valor múltiple* se puede interpretar como un vector o matriz.
  - Esta característica le permite realizar operaciones sobre un conjunto de datos como unidad indivisible.
- Para insertar los valores correspondientes a un rango de celdas definido por una etiqueta ("nombretiqueta"):
  1) Se selecciona el rango de celdas destino.
  2) Se introduce "=nombretiqueta" en la **Barra de fórmulas**.
  3) Se pulsa **Ctrl+May+Intro**.
  4) Automáticamente se rellena el rango seleccionado con los valores de la etiqueta.
     - El contenido de cada celda se muestra en la barra de fórmulas entre llaves, {}.
- Es posible utilizar una matriz como variable tal y como veremos más adelante.

RELLENO CON UN VALOR MÚLTIPLE II

- En casos más complicados, se puede especificar el área mediante la siguiente opción de *Calc*:
  - **Insertar>Nombres> Etiquetas...>Definir área de etiqueta**
- En este ejemplo se especifica el área de la tabla con los datos para cuatro personas.

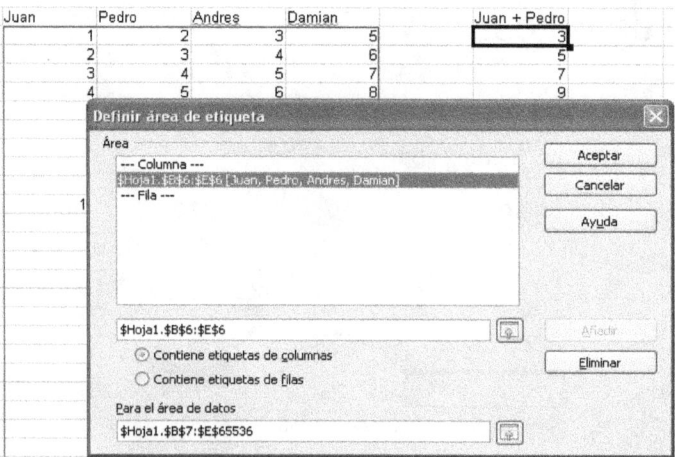

TEMA 4. Rellenar. Nombre. Validación de datos

COPIAR, MOVER

- Las opciones de **Cortar** (Ctrl+X), **Copiar** y **Pegar** "tradicionales" usan el portapapeles para almacenar temporalmente la información.
- Estas opciones también se pueden realizar arrastrando la/las celdas mediante el ratón:
    a) En ese caso la información no pasa por el portapapeles.
    c) El procedimiento para **Copiar** es el siguiente:
    - Coger (con el ratón) la/las celdas y sin soltarla/s se arrastra/n a otra posición.
    e) El procedimiento para **Cortar** es idéntico al utilizado para Copiar, pero pulsando simultáneamente la tecla **Ctrl**.
    - Aparecerá un pequeño **+**, acompañando al puntero, que nos indica que estamos *Cortando*.

PEGADO ESPECIAL I

- Se puede acceder al diálogo de **Pegado especial** desde:
    a) El **Menú contextual**.
    b) El menú **Editar>Pegado especial...**
- El diálogo permite las siguientes posibilidades:
  a) Opciones de pegado (**Selección**):
    - **Pegar todo, Números, Fórmulas**, etc.
  b) Realizar **Operaciones** sobre la casilla que pegas (**Sumar, Multiplicar**, etc.).
  c) **Desplazar celdas: No** desplazar, Hacia a**b**ajo o hacia la de**r**echa.
  d) U otras **Opciones: I**gnorar **c**eldas vacías, **T**rasponer o **V**incular.

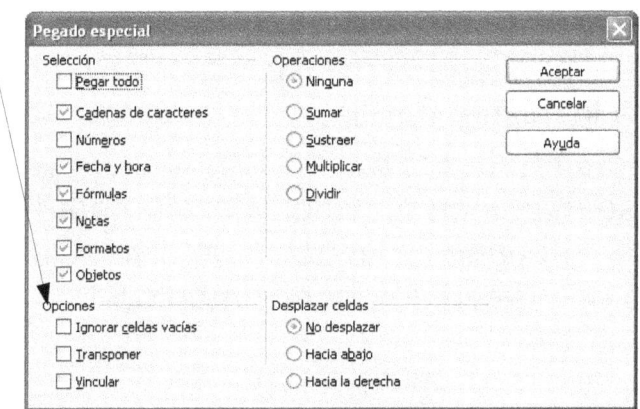

PEGADO ESPECIAL II
Opciones.

- **Opciones** que permite el menú de **Pegado especial**:
  a) **Ignorar celdas vacías**: Las celdas vacías que se copian, al pegarse no alteran el contenido de las celdas sobre las que se pegan.
  b) **Transponer**: Una columna se convierte en fila al pegarse (y viceversa).
  c) **Vincular**: No pega los datos como tal. Pega los vínculos a los datos origen.

LA SINTAXIS DE LAS REFERENCIAS

- Los tres tipos de referencias indican la "relación de distancia" a una celda. Veamos las particularidades de cada tipo de referencia:
  a) **Referencia relativa (=A2)**: Al pegarla (como vínculo) se mantiene la "relación de distancia" y para ello se modifica el valor de la referencia. Referencia a otra casilla.
  b) **Referencia absoluta (=A2)**: Al pegarla (como vínculo) se mantiene el mismo "valor". Referencia siempre a la misma casilla.
  c) **Referencia mixta (=$A2, =A$2)**: Al pegarla (como vínculo) se mantiene el "valor" del elemento precedido por $ y se mantiene la "relación de distancia" del elemento no precedido por el símbolo $.

TEMA 4. Rellenar. Nombre. Validación de datos

EJEMPLO

- Comprobar SIEMPRE que se ha utilizado la referencia correcta mediante el método "prueba y error".

	A	B	C	D	E
1					
2			"=B4*0,016"	"=B4+C4"	"=D4+A$14"
3	Cliente	Facturación	Iva	Total sin comisión	Total con comisión
4	Cliente 1	123	1,97	124,97	149,97
5	Cliente 2	45	0,72	45,72	70,72
6	Cliente 3	426	6,82	432,82	457,82
7	Cliente 4	755	12,08	767,08	792,08
8	Cliente 5	45	0,72	45,72	70,72
9	Cliente 6	24	0,38	24,38	49,38
10	Cliente 7	412	6,59	418,59	443,59
11	Cliente 8	463	7,41	470,41	495,41
12					
13	Comisión				
14	25				

REFERENCIAS A OTRAS HOJAS

A) Mientras editamos una fórmula es posible referenciar una celda de otra hoja:
   a) Pinchándola con el ratón.
   b) Escribiendo la referencia según la codificación siguiente:
      "=nombre_de_la_hoja.celda"
      - Por ejemplo "=Hoja1.A2", "=Hoja1.A2+Hoja2.B3"

C) También se pueden **rellenar varias hojas** con el mismo valor, para ello:
   1) Se seleccionan (con el ratón) las hojas que queremos modificar **+ Ctrl.**
   2) Se escribe en cualquiera de ellas.
   - Para deseleccionar, una o varias hojas, hacemos lo mismo (**click + Ctrl**).

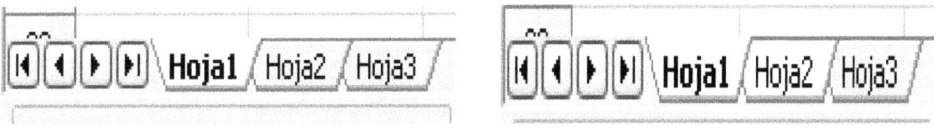

REFERENCIAS A OTROS ARCHIVOS

- Para referenciar celdas de otros archivos se puede:
  - A) Sin cerrar la fórmula, seleccionar (con el ratón) la celda del otro archivo.
  - B) Por escrito, la codificación de la celda referenciada sería la siguiente:
    - a) Para ficheros en el **mismo directorio** que el editado:
      - Se utiliza la codificación: "='Fichero.ods'#'Hoja'.Celda"
      - Por ejemplo "='Fichero1.ods'#'Hoja2'.C3+'Fichero3.ods'#'Hoja3'.D7)"
    - b) Para ficheros en **directorios diferentes**:
      - Se codifica la dirección exacta con:
        - "file://c:/Jose/Fichero1.ods"
      - Por ejemplo:
  - "='File://c:/Jose/Fichero1.ods'#'Hoja1'.D3+'File://c:/Pedro/Fichero2.ods'#'Hoja1'.F5"
- Cuando abramos el fichero con este tipo de fórmulas, Calc nos preguntará si queremos ir a los ficheros origen para actualizar los datos. Le confirmaremos en caso afirmativo.

OPERADORES DE REFERENCIAS

- Existen dos valores para las **Referencias**:
  - a) La *intersección*: Cuyo operador se representa por el símbolo de admiración (*"!"*)
  - b) La *unión*: Cuyo operador se representa por el símbolo *"~"* (**Alt Gr**+4 seguido del espacio en blanco)
- Ejemplos:
  - A1:A4!A2:A6 se corresponde con el rango A2:A6.
  - A1:C3!C3:E6 se corresponde con la celda C3.
  - A1:A4~A2:A6 se corresponde con el rango A1:A6.
  - A1:C3~C3:E6 se corresponde con la unión de ambos rangos (A1:C3 y C3:E6).

TEMA 4. Rellenar. Nombre. Validación de datos

VALIDACIÓN DE ENTRADA DE DATOS

- A la hora de **Validar los datos** introducidos en una celda, se tienen dos opciones:
- A) **Datos>Validez...>Criterios> Permitir**, acepta las siguientes posibilidades:
    - a) **Cada valor**: Cualquier dato.
    - b) *Decimal*: Sólo valor numérico.
    - c) *Entero*: Sólo entero.
    - d) *Fecha u Hora*.
    - e) *Intervalo de celdas o Lista*.
    - f) *Longitud de texto*.
- B) **Datos>Validez...>Criterios> Datos.**
    - Cuando no son valores a seleccionar de una lista permite aplicar condiciones de desigualdad: *igual o distinto, menor que, mayor que*, etc.

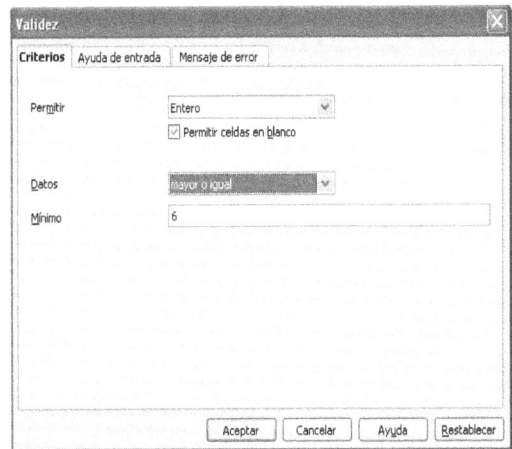

- Estas dos opciones permiten mostrar un **Mensaje de error** si el dato introducido en la celda no es correcto. Veamos como definir el mensaje de error en la siguiente transparencia.

MENSAJE DE ERROR

- Para que aparezca un **Mensaje de error** al introducir un dato incorrecto, debemos de marcar la casilla **Mostrar mensaje de error al introducir valores incorrectos.**
- El mensaje error a mostrar se definirá previamente en el espacio **Mensaje de error.**
- Como **Acción** posible disponemos de:
    - a) *Stop.*
    - b) *Advertencia.*
    - c) *Información.*
    - d) *Macro.*

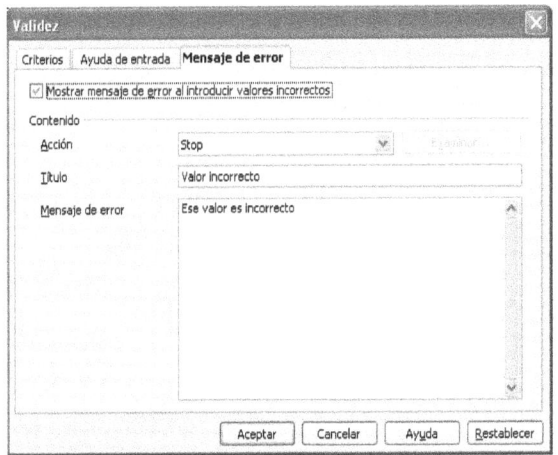

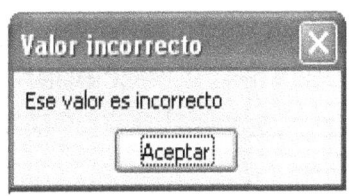

VALIDAR CON LISTAS DE VALIDACIÓN

- Existen dos posibilidades para evitar errores en la entrada de datos. Se configuran desde el diálogo **Datos>Validez... >Criterios> Permitir**.
- Sus opciones son:
  a) *Lista*. Indicar los valores separados por *Intro* en la casilla **Entradas**.
  b) *Intervalo de celdas*. Indicar el rango (como REFERENCIA ABSOLUTA) en la casilla **Origen**.
- En cualquiera de los dos casos podemos solicitar que:
  a) **Permita celdas en blanco.**
  b) **Muestre la lista de selección.**
  c) La lista aparezca **ordenada ascendentemente**.

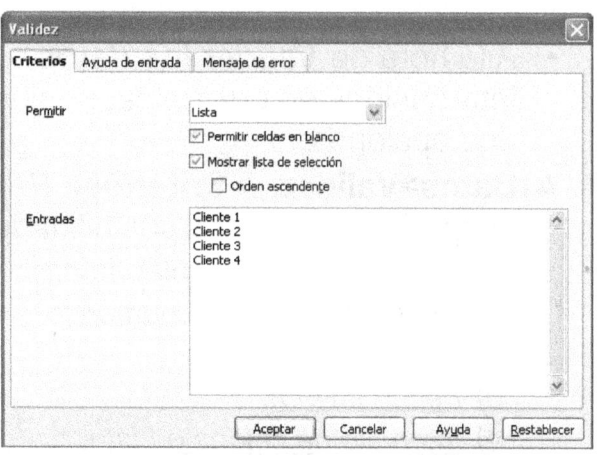
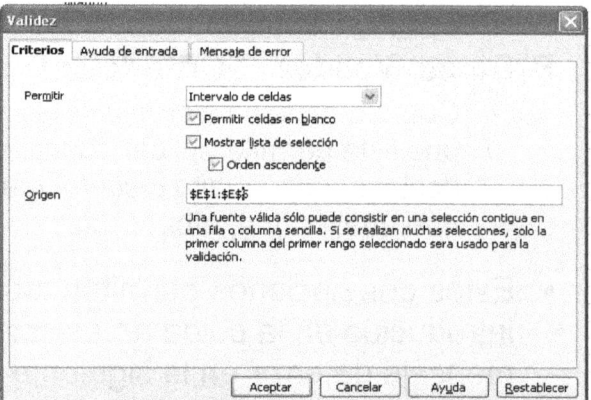

AYUDA DE ENTRADA

- Para facilitar la entrada de datos y la reducción del número de errores, se puede configurar información de ayuda en **Datos>Validez...>Ayuda de entrada**.
  - Esta mostrará un mensaje en pantalla cuando se cometa un error.
  - El **Título** es optativo.
- El mensaje incluirá el texto introducido en la **Ayuda de entrada**
  - Por ejemplo, a la hora de escribir un DNI podemos pedir que tenga 9 dígitos.
- Y si además, no queremos aceptar los valores que no cumplan las condiciones, seleccionaremos, en la pestaña *Mensaje de error,* la **Acción** *Stop*.

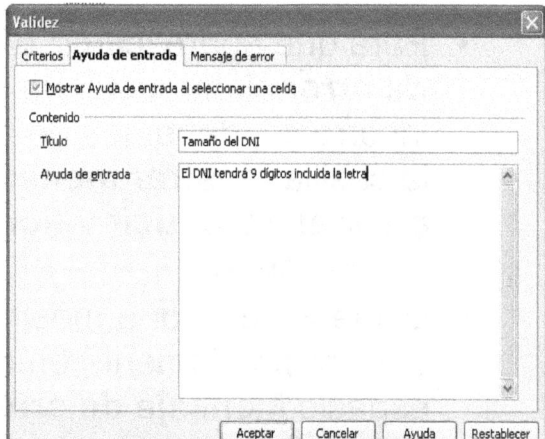

INTRODUCCIÓN A CALC

TEMA 5: FUNCIONES

ÍNDICE

- Sintaxis de una función
- Argumentos de una función
- Argumentos opcionales
- Tipos de Argumento
- Parámetros múltiples
- Formas de introducir una función
- Asistente de funciones
- Información sobre funciones
- Ayuda sobre funciones
- Funciones anidadas
- Combinaciones de funciones
- Conversión texto a número
- Edición avanzada de fórmulas
- Edición en la barra de fórmulas
- Edición de valores múltiples
- Rastreo con el detective

SINTAXIS DE UNA FUNCIÓN

- Hasta ahora hemos conocido el entorno de Calc y sus posibilidades como calculadora. En este tema aprenderemos a utilizar otra de las capacidades que ofrece Calc para el cálculo, las FUNCIONES.
- Sintaxis de una Función:
  - **NOMBRE_DE_LA_FUNCIÓN(*Arg1;Arg2;Arg3;...*). Ejemplos:**
    - =Promedio(A1;A2;A3)
    - =(A1+A2+A3)/3
    - =suma(A1;A2;A3)/3
- Normalmente las *Funciones* requieren de datos de entrada, lo que en Calc se llama *Argumentos* o *Parámetros*.
  - Los *Argumentos* de una función pueden ser:
    a) <u>Obligatorios.</u>
      - =PROMEDIO(A1:A3). Proporciona la media de los valores A1, A2 y A3.
    b) <u>Opcionales.</u>
      - **DIASEM (Núm_de_serie;**Tipo**).** Proporciona el día de la semana.
    c) <u>No se requiere</u> argumento.
      - =HOY(). Proporciona la fecha del reloj del ordenador.

ARGUMENTOS DE UNA FUNCIÓN

- Los *Argumentos* de una función van separados por ;
- Podemos dejar vacía una posición correspondiente a un *Argumento*.
  - En ese caso, el Argumento toma el valor por defecto, usualmente:
    - 0
    - Falso
    - Cadena vacía " "
  - Por ejemplo:
    - =Promedio(2;3;;6) equivale a =Promedio(2;3;0;6)

ARGUMENTOS OPCIONALES

- Suelen utilizarse para indicar como queremos que actúe la función.
- Cuando NO asignamos un valor a un argumento, este toma el valor por defecto (viene indicado en la *Ayuda*).
- Los Argumentos **obligatorios** se diferenciarán, en este documento, de los opcionales en que los primeros aparecen en **negrita**.
- Ejemplo:
  - **DIASEM (Núm_de_serie;**Tipo)
    - *Argumento OBLIGATORIO: Núm_de_serie*= Fecha
    - *Argumento OPTATIVO: Tipo*= Número entre:
      - 1 (DOMINGO) y 7 (SABADO). Tipo=1. POR DEFECTO
      - 1 (LUNES) Y 7 (DOMINGO). Tipo=2
      - 0 (LUNES) Y 6 (DOMINGO). Tipo=3

TIPOS DE ARGUMENTOS

- Los tipos principales de argumentos son:
  a) *Números*: 6,005
  b) *Textos*: "PALABRA". Entre comillas.
  c) *Fechas*: 20/8/78
  d) *Valores lógicos*: VERDADERO O FALSO
  e) *Referencias*: A3, A4
  f) *Valores de error*: #DIV/0!
- Normalmente el nombre del argumento indica el tipo de formato que admite. Por ejemplo:
  a) =REDONDEAR(***Número***;*Núm_decimales*)
    - Devuelve el **Número** con el *Núm_decimales* indicado.
    - Por ejemplo, REDONDEAR(4,123456;3) devuelve "4,123".
  b) =IZQUIERDA(***Texto***;*Núm_de_caracteres*)
    - Devuelve la parte del **Texto** (a partir de la izquierda) correspondiente al número de caracteres indicado.
    - Por ejemplo, IZQUIERDA(Pedro, 2) devuelve el texto "Pe".

PARÁMETROS MÚLTIPLES

- Existen ciertas funciones que admiten un número limitado de argumentos, pero ilimitado de datos.
- Por ejemplo, la función **SUMA()** admite 30 argumentos. Pero el rango de cualquiera de sus argumentos puede ser todo lo grande que queramos:
    - =SUMA(A1;A2;A3:B5;C7). Suma los siguientes valores: A1, A2, A3,**A4,A5,B3, B4**, B5 y C7
- Es importante tener presente que cuando insertamos columnas (o filas), puede suceder que se modifiquen las referencias de las funciones.
    - Por ejemplo, la función SUMA(A3;C5) no sumará las mismas casillas si, después de escribir la fórmula, eliminamos la columna B. Ya que en ese caso, el dato en D5 pasará a C5. De forma que, lo que se sumaría es A3 con D5 (nuevo C5)
    - Para evitar esto se recomienda:
        - Utilizar rangos en vez de referencias sueltas.
        - Verificar siempre las funciones tras realizar cambios estucturales.

FORMAS DE INTRODUCIR UNA FUNCIÓN

- Para introducir una función podemos:
    a) Tecleando el símbolo '=' aparece, en el *Cuadro de formulas*, un desplegable con las fórmulas más comunes y las recientes.
    - Se seleccionaría la deseada.
    b) Si *Calc* reconoce la función que estamos escribiendo, la completará en una ventana amarilla al lado de la celda.
    - Podemos aceptarla pulsando *Intro*.
    c) Podemos acceder al *Asistente de funciones*.
    - Se accede mediante el botón f_x.
- Para aceptar la función que estamos editando pulsamos **OK** o *Intro*. Pero si nos equivocamos podemos deshacer los cambios realizados con el *ASPA*.

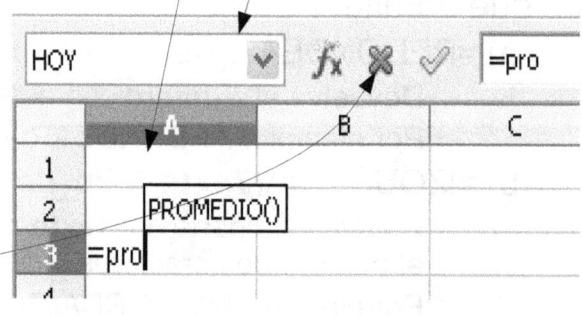

ASISTENTE DE FUNCIONES I

- Los campos del **Asistente de Funciones** son:
  - a) **Fórmula**: Muestra el contenido de la **Barra de Fórmulas**. Asimismo permite editar en él.
  - b) **Subtotal**: Muestra el resultado de la función que se está editando.
  - c) **Resultado**: Muestra el resultado de la función de la **Barra de Fórmulas**.

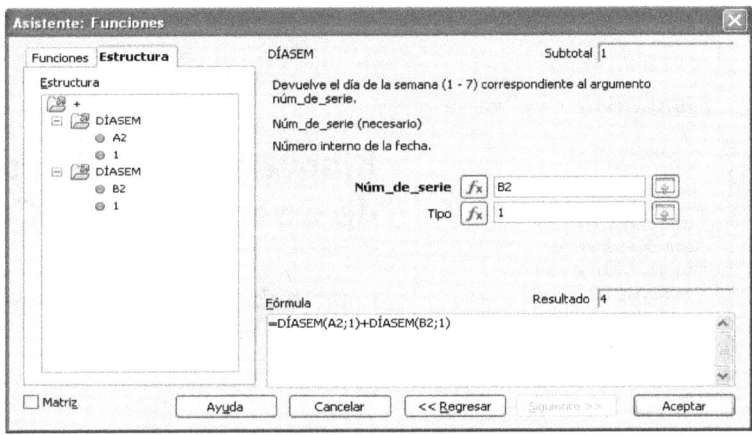

ASISTENTE DE FUNCIONES II
Información sobre funciones

d) Las funciones se agrupan por **Categoría** para localizarlas más fácilmente.

e) Una vez aceptada con **Siguiente>>** o **Doble click**, Calc solicita la información de los argumentos. Los cuales se pueden editar:
  - a) Escribiéndolos directamente en la casilla correspondiente.
  - b) Al pulsar sobre el botón de **REDUCCIÓN**, los **Argumentos** se seleccionan directamente con el ratón sobre las hojas.

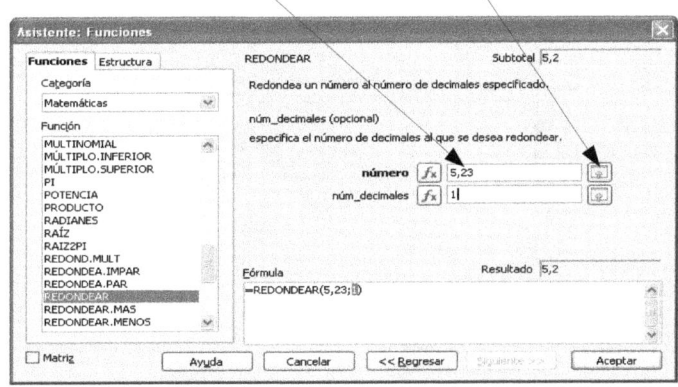

Introducción a Calc. Manual visual de la Hoja de Cálculo de Open Office

AYUDA SOBRE FUNCIONES

- Se puede obtener ayuda sobre las Funciones en:
  A) El *Asistente de funciones,* mediante el Botón de **Ayuda.**
     - El cual, ofrece información de la función que se está editando.
  B) El menú **Ayuda>Ayuda de Open Office.org>**
     a) Buscar
     b) Índice>Término de Búsqueda

FUNCIONES ANIDADAS

- En una fórmula, se puede combinar más de una función. Se dispone de dos posibilidades para hacerlo:
  a) Tecleando las fórmulas directamente en el espacio reservado para introducir datos. Por ejemplo: "=PRODUCTO(SUMA(A2:A5);SUMA(B2:B5))".
  b) Utilizando el *Asistente de funciones.*
     - Al cual se accede mediante la tecla f_x al lado del *Argumento*.
     - Y que abre otro diálogo del *Asistente* desde donde poder editar la nueva función.

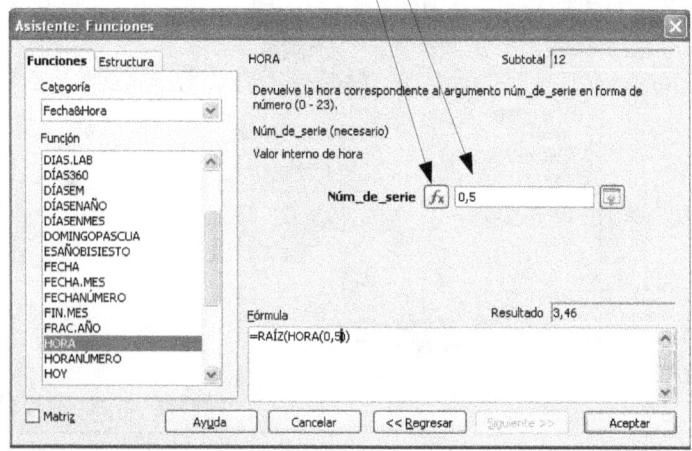

TEMA 5. Funciones

Combinaciones de Funciones: Tipos de argumentos

- Ya se ha estudiado que existen varios tipos de **Argumentos**. Los cuales, según su contenido, se pueden agrupar en dos grandes grupos:

    a) Argumentos de texto.

    b) Argumentos numéricos (Número, fecha, lógico, moneda).

- Aunque *Calc* puede realizar la conversión entre estos dos tipos de datos de forma automática, hay que revisar sistemáticamente el tipo de argumentos que requiere la función y los que recibe.
    - Por ejemplo:
        - CONCATENAR(1;2;3) da como resultado 123 (texto). Como los argumentos de la función CONCATENAR() son de tipo texto interpreta que lo que le hemos indicado (números) son textos.

CONVERSIÓN TEXTO A NÚMERO

- Una vez obtenemos el 123 en formato texto, podemos pasarlo a número con la función **VALOR**(Texto):
- **VALOR(*Texto*)** convierte un texto en un número. Por ejemplo:
    - Siendo D3 igual al texto "12".
    - =**VALOR**(D3) devuelve el número 12.

	A	B	C	D	E
1					
2					
3		"Concatenar(1;2)"	=	12	Texto
4		"Valor(Concatenar(1;2))"	=	12	Número

EDICIÓN AVANZADA DE FÓRMULAS I

- Las fórmulas sencillas se suelen escribir directamente.
- Para tener un mayor control de las fórmulas se puede utilizar el *Asistente de funciones.* Sus diferentes opciones facilitan enormemente el trabajo de edición:
    a) Los apartados **Resultado** y **Subtotal** muestran resultados totales y parciales de las fórmulas mientras realizamos la edición de estas.
    b) Mediante los botones **Siguiente>>** y **Regresar>>** podemos movernos entre los diferentes diálogos.
    c) En la pestaña de *Estructura* se pueden contraer (-) y expandir (+) las funciones anidadas para tener una mejor visión de ellas.
    d) En la pestaña de **Funciones** se muestran las funciones que podemos seleccionar inicialmente, o anidar a una existente.

EDICIÓN AVANZADA DE FÓRMULAS II

- Se muestra un ejemplo de utilización del *Asistente de funciones*.

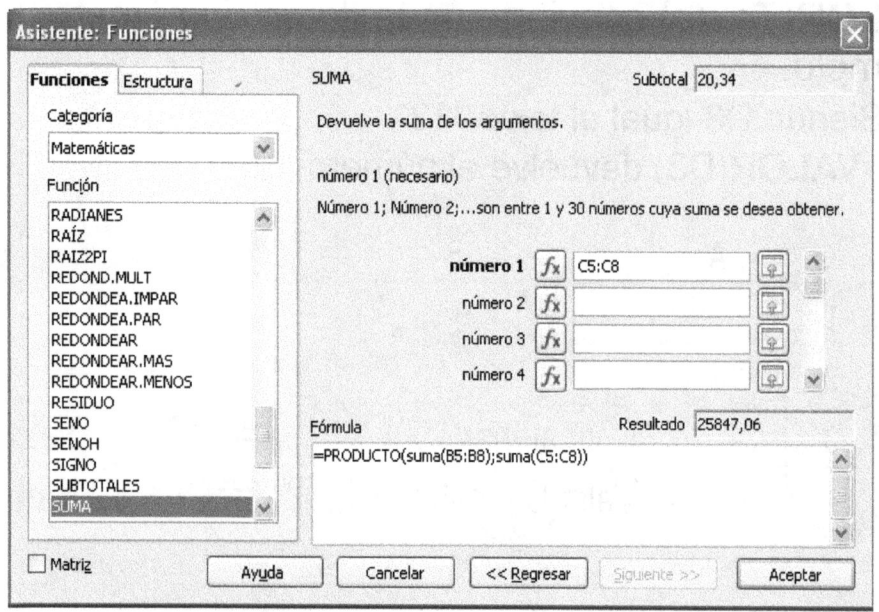

EDICIÓN AVANZADA DE FÓRMULAS III

- Cuando la **Fórmula** es muy compleja (contiene fórmulas anidadas), para reducir la complejidad se puede:
  a) *Dividir* la fórmula principal en partes y aplicar las fórmulas correspondientes a cada una de ellas.
  b) Utilizar el **Asistente** para ir añadiendo las fórmulas poco a poco.
  c) También es posible editar la fórmula principal, e ir *sustituyendo* sus argumentos por las formulas necesarias hasta obtener una función anidada.
- Al principio, para coger soltura, se suele utilizar la primera opción, y una vez se domina el **Asistente** se se puede pasar a la segunda opción. Sólo aquellos más avanzados acaban utilizando la tercera.
- Veamos un ejemplo en la siguiente transparencia.

EJEMPLO

- RAIZ DE UNA FUNCIÓN CUADRÁTICA.
  - Escribirla directamente resulta complejo, pero mediante el **Asistente** de funciones la edición resulta más sencilla.
  - Otra opción (opción a) sería la de calcular, en casillas diferentes, cada una de las subfunciones. Y realizar al final la operación que agrega los resultados parciales obtenidos.

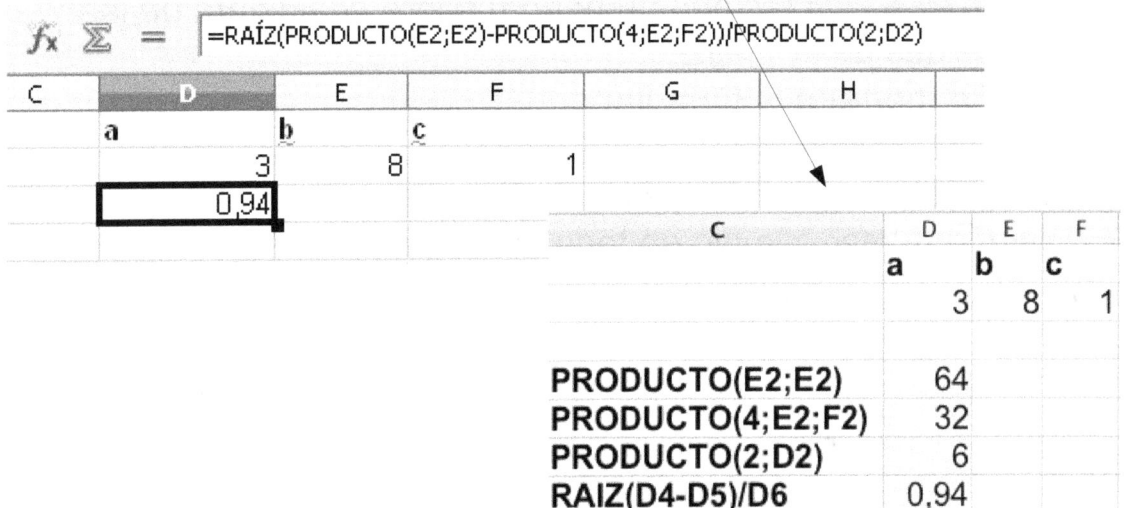

EDICIÓN EN LA BARRA DE FÓRMULAS

- Cuando se edita una función en la **Barra de Fórmulas**:
  a) El **Borde** de las celdas (o rangos) que contienen valores adquieren el color de sus correspondientes referencias.
  b) En el borde inferior de las celdas (o rangos) aparece un símbolo idéntico al **Manejador de relleno**, el cual permite redimensionarlas/los.
  c) Al pasar el ratón por encima de las celdas (o rangos) se muestra el símbolo de una **mano** que permite desplazarlas/los.

EDICIÓN DE VALORES MÚLTIPLES

- La edición de una celda que devuelve un valor múltiple, se ha de realizar sobre todas las celdas del valor múltiple al mismo tiempo:
  1) Seleccionar la matriz.
  2) **Ctrl + "/"** (Teclado numérico) sobre cualquiera de las celdas de la matriz.
  3) Se modifica la fórmula:
     a) Directamente.
     b) Mediante el **Asistente de fórmulas**.
  4) Confirmar cambio en toda la matriz:
     a) **Ctrl + May+ Intro** (si partíamos de una selección de celdas).
     b) Marcando la opción **"Matriz"** del **Asistente de fórmulas** (si realizamos la edición con este).

RASTREOS CON EL DETECTIVE I

- El menú ***Herramientas>Detective,*** permite:
  - **a) Rastrear los dependientes** (***Mayus+F5***): La posición de aquellas casillas que utilizan como argumento el valor de la ***Casilla activa***.
  - **b) Rastrear los precedentes** (***Mayus+F7***): La posición de los argumentos que conforman la función que se encuentra en la ***Casilla activa***.
- En el ejemplo, situando el cursor en la casilla con el número 3, ejecutamos las dos opciones.

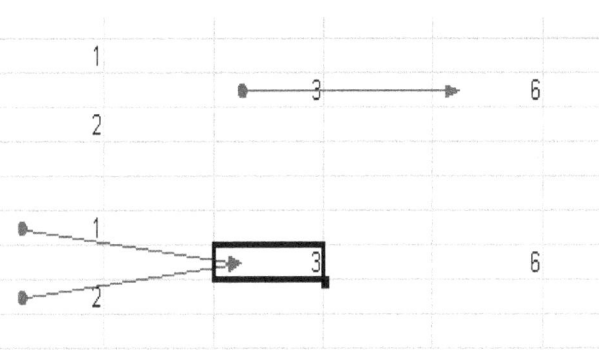

RASTREOS CON EL DETECTIVE II
Posibilidades

A) Cuando hay muchas flechas, puede resultar útil desplazarnos por las estas:
  a) Situarse sobre una de ellas.
  b) Aparece una lupa.
  c) Se hace doble click sobre ella.

B) En **Herramientas>Detective** podremos borrar los rastros creados y otras opciones adicionales.

C) En caso de un error en las fórmulas veríamos que las flechas están en rojo. Se muestra el ejemplo de un error del tipo ***Referencia cíclica***.

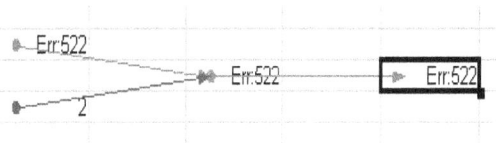

INTRODUCCIÓN A CALC

TEMA 6: FUNCIONES LÓGICAS

ÍNDICE

- Introducción
- Función lógica Y()
- Función lógica O()
- Función lógica NO()
- Función lógica SI()
- Funciones anidadas
- Combinación de funciones lógicas.

INTRODUCCIÓN

- Ya conocemos los dos valores lógicos posibles:
  - **VERDADERO** (1) y **FALSO** (0).
- Sabemos que estos valores se pueden obtener a partir de operadores de comparación (<,>; >=;<>).
- Hemos visto funciones matemáticas como la **SUMA**(), o **PROMEDIO**(), que operan con números y texto.
- En este tema veremos las funciones lógicas que operan con valores lógicos:
  - **Y()**, **O()**, **NO()** y **SI()**

FUNCIÓN LÓGICA Y()

1) **Y(*Valor_lógico1;Valor_lógico2;....*)**
- Devuelve el valor **VERDADERO** cuando se cumplen TODOS sus argumentos
- Devuelve el valor **FALSO** cuando NO se cumple ALGUNO de sus argumentos

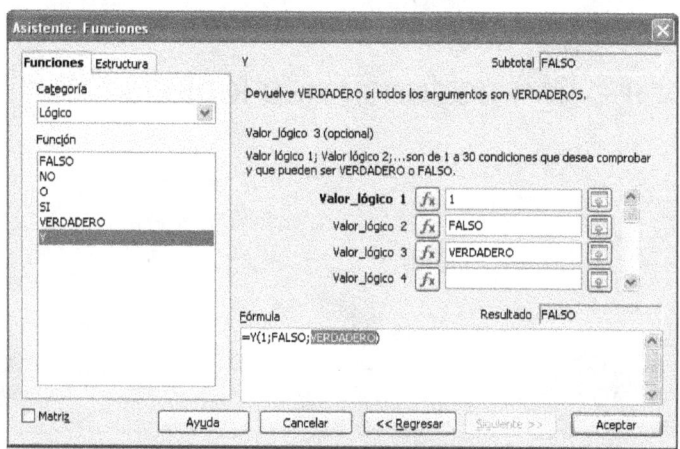

FUNCIÓN LÓGICA O()

2) **O(Valor_lógico1;Valor_lógico2;....)**
- Devuelve el valor **VERDADERO** cuando se cumple ALGUNO de sus argumentos.
- Devuelve el valor **FALSO** cuando NO se cumple NINGUNO de sus argumentos.

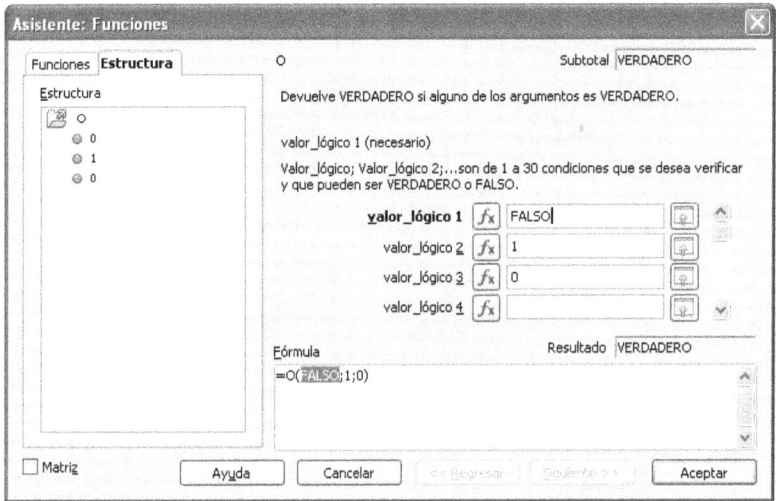

FUNCIÓN LÓGICA NO()

3) **NO(Valor_lógico)**
- Devuelve el **Valor lógico** contrario al que toma la expresión lógica que tiene como argumento.
- Se utiliza para:
    a) Asegurar de que un valor no sea igual a otro valor.
    b) Identificar una alternativa mediante la negación de cierta condición.

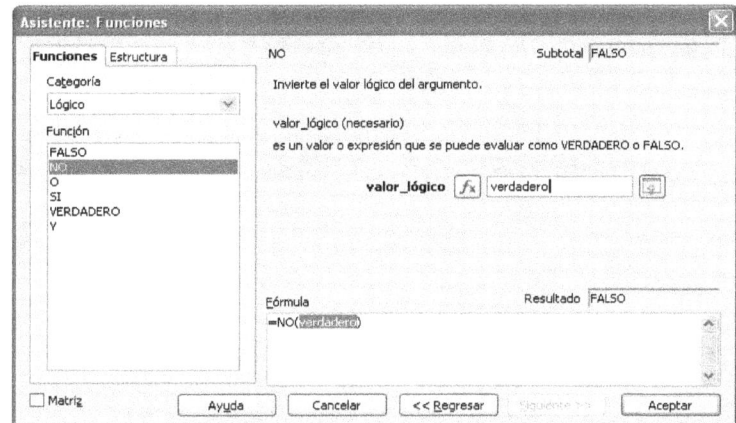

FUNCIÓN LÓGICA SI()

4) **SI(*Prueba_lógica;Valor_si_verdadero;Valor_si_falso*)**
- Si se cumple la ***Prueba_lógica*** la función devolverá el ***Valor_si_verdadero***, y si no se cumple devolverá el ***Valor_si_falso***.
- Es de utilidad definir previamente la función en papel mediante un ***Árbol de decisiones***. Sobre todo cuando hay funciones anidadas.
- Los textos que se incluyen en los resultados han de escribirse entre comillas.

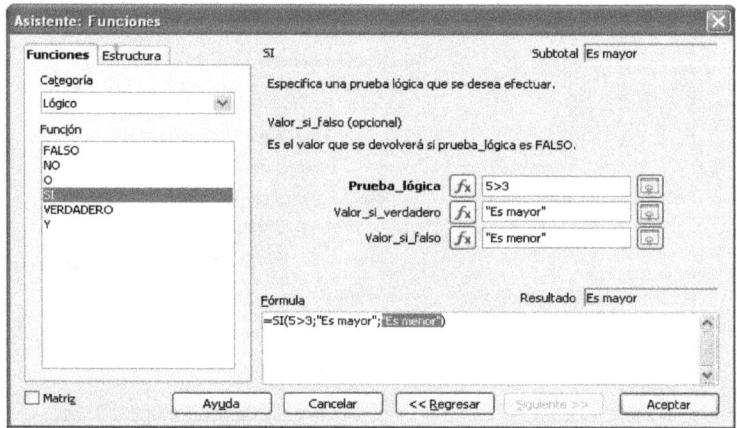

FUNCIONES "SI" ANIDADAS

- Hasta ahora se presentaban dos posibilidades, pero puede ser que existan más de dos. Por ejemplo, a la hora de poner las notas: Sobresaliente, Notable, Bien, ...
- Una buena costumbre es que la primera función **SI** contenga la condición que debe de verificar la primera alternativa. Por ejemplo:
  - Para la calificación de ***Suspenso***, que la nota sea inferior a 5.
    - =SI(Nota<5;"Suspenso";SI(Nota<=6,99; Aprobado;SI(Nota<9;"Notable";"Sobresaliente")))

INTRODUCCIÓN A CALC

TEMA 7: FUNCIONES FECHA Y HORA

ÍNDICE

- Hoy y ahora
- Composición y descomposición de fechas
- Diferencias entre fechas
- Consideración de 360 días al año
- Cálculos con días laborables
- Otros datos a extraer de una fecha
- Contar por meses
- Composición y descomposición de horas
- Interpretación de texto como fecha

HOY() Y AHORA()

1) **HOY()**
   - Devuelve el día actual:
     - En formato *Fecha* será 19/2/09.
     - En formato *Número* será 39893.
2) **AHORA()**
   - Devuelve el día y la hora actual:
     - En formato *Fecha* será 19/2/09 09:19.
     - En formato *Número* será 39893,39.
- El resultado de las *Funciones* se puede actualizar de dos formas:
   A) *Automáticamente*: Se selecciona en **Herramientas>Contenido de las celdas>Cálculo automático**
   B) *Manualmente*, mediante:
      a) El menú **Herramientas>Contenido de las celdas>Recalcular**.
      b) La tecla de función **F9**, para la hoja actual.
      c) La combinación **Mayús+Ctrl+F9**, para todo el archivo.

COMPOSICIÓN Y DESCOMPOSICIÓN DE FECHAS

1) *Descomposición* con: **DIA(*Fecha*), MES(*Fecha*), AÑO(*Fecha*)**
   - Estas funciones devuelven el valor del día, mes y año de la fecha introducida. Por ejemplo:
     - DÍA("27/7/09") devuelve 27
     - MES("27/7/09") devuelve 7
     - AÑO("27/7/09") devuelve 2009
2) *Composición* con: **FECHA(*Año;Mes;Día*)**
   - Devuelve la fecha que se forma a partir de los argumentos **Año, Mes** y *Día*. Por ejemplo:
     - FECHA(09;10;24) devuelve 24/10/09

DIFERENCIAS ENTRE FECHAS I

1) **DIAS(*Fecha_final;Fecha_inicial*)**. *No olvidar el acento.*
   - Devuelve el número de días entre dos fechas. Por ejemplo:
     - DIAS("5/02/09";"2/02/09") devuelve 3.
     - DIAS(35678;35677) devuelve 1
     - DIAS(35678;35679) devuelve -1
2) **SEMANAS(*FECHA_INICIAL;FECHA_FINAL;Tipo*)**.
   NOTA: *Cambia el orden de los ARGUMENTOS respecto de la función DÍAS().*
   - Devuelve el número de semanas entre dos fechas.
   - *Tipo*:
     - 0: Se calcula la diferencia en días y se pasa a semanas.
     - 1: Se calculan la diferencia de semanas reales del calendario. Nota: Las semanas empiezan en lunes.
   - Ejemplos:
     - SEMANAS("7/02/09";"9/02/09";1) devuelve 1
     - SEMANAS("7/02/09";"9/02/09";0) devuelve 0
     - SEMANAS("7/02/09";"8/02/09";1) devuelve 0. ¿Why?

DIFERENCIAS ENTRE FECHAS II

3) **MESES(*FECHA_INICIAL;FECHA_FINAL;Tipo*)**
   - *0*: Se calcula la diferencia en días y se pasa a meses.
   - *1*: Se calculan la diferencia de meses reales del calendario. Nota: Los meses empiezan el día 1.
   - Ejemplos:
     - MESES("31/11/09";"1/12/09";1) devuelve 1
     - MESES("31/11/09";"1/12/09";0) devuelve 0
     - MESES("30/11/09";"30/12/10";0) devuelve 1.
5) **AÑOS(*FECHA_INICIAL;FECHA_FINAL;Tipo*)**
   - *0*: Se calcula la diferencia en días y se pasa a años.
   - *1*: Se calculan la diferencia de años reales del calendario. Nota: Los años empiezan el 1 de enero.
   - Ejemplos:
     - AÑOS("31/12/09";"1/01/10";1) devuelve 1
     - AÑOS("31/12/09";"1/01/10";0) devuelve 0
     - AÑOS("31/12/09";"31/12/10";0) devuelve 1.

CONSIDERACIÓN DE 360 DÍAS AL AÑO I

- A efectos fiscales se suele considerar que el año tiene 12 meses de 30 días (360 días al año). Aplicaciones:
  a) Para el pago de la nómina se calcula un salario por día (y se multiplica por 30).
  b) Para calcular el sueldo de un trabajador que empieza a trabajar a mitad de mes.
- El número de días trabajados se puede calcular a partir de la siguiente fórmula:

1) DIAS360(*FECHA_INICIAL;FECHA_FINAL;Tipo*)
  - Devuelve el número de días entre dos fechas en un calendario de 360 días al año.
  - *Tipo*:
    - *0*:Aproxima 360 días a los días reales mediante método americano.
    - *1*:Aproxima 360 días a los días reales mediante método europeo.

CONSIDERACIÓN DE 360 DÍAS AL AÑO II

2) FRAC.AÑO(*FECHA_INICIAL;FECHA_FINAL;Tipo*)
  - Devuelve un número como diferencia entre dos fechas, de forma que:
    - La parte **entera** de dicha diferencia se corresponde con los años.
    - La parte **decimal** se corresponde con la fracción anual equivalente.
  - *Tipo*:
    - *0*:Aproxima 360 días a los días reales mediante método americano.
    - *1*:Años naturales considerando los bisiestos
    - *2*:No aproxima. Los años tienen 360 días.
    - *3*:No aproxima. Los años tienen 365 días incluidos bisiestos.
    - *4*:Aproxima 360 días a los días reales mediante método europeo.

CONSIDERACIÓN DE 360 DÍAS AL AÑO III

- Veamos varios ejemplos de las funciones anteriores.

	A	B
1	=HOY()	01/08/11
2	=HOY()+15	02/08/11
3	=HOY()+365	31/07/12
4	=DIAS360(A1;A2;1)	1
5	=DIAS360(A1;A2;0)	1
6	=DIAS360(A1;A3;1)	359
7	=DIAS360(A1;A3;0)	360
8	=FRAC.AÑO(A1;A2;4)	0
9	=FRAC.AÑO(A1;A3;4)	1

CÁLCULOS CON DÍAS LABORABLES

1) **DIAS.LAB(*Fecha_inicial;Fecha_final*;*Días_libres*)**
   - Devuelve el número de días laborables (Lunes a viernes) entre dos fechas.
   - Incluidos los días de la **Fecha_inicial** y de la **Fecha_final.**
2) **DIA.LAB(*Fecha_inicial;Días_a_contar*;*Días_libres*)**
   - Agrega/descuenta, a la **Fecha_inicial,** los días laborables indicados en **Días_a_contar** (un número positivo agrega, y uno negativo descuenta).

	A	B
1	HOY()	01/08/11
2	DIAS.LAB(A1;A3;0)	2
3	DIA.LAB(HOY();1;0)	02/08/11

OTROS DATOS A EXTRAER DE UNA FECHA I

1) **DÍASEM(*Fecha;Tipo*)**
   - Devuelve un número que representa el día de la semana correspondiente a la *Fecha* indicada.
   - *Tipo*:
     a) *0* (Defecto) El domingo es el 1, y el lunes el 2.
     b) *1*: El domingo es el 7, y el lunes el 1.
     c) *2*: El domingo es el 6 y, el lunes el 0.
2) **ESAÑOBISIESTO(*Fecha*)**
   - Devuelve VERDADERO(1) o FALSO(0) si el año correspondiente a la *Fecha* indicada es bisiesto o no.
3) **DOMINGOPASCUA(*Año*)**
   - Devuelve la fecha del domingo de Pascua correspondiente al *Año* indicado.

DÍASEM(HOY())	5
ESAÑOBISIESTO(HOY())	0
DOMINGOPASCUA(AÑO(HOY()))	12/04/09

OTROS DATOS A EXTRAER DE UNA FECHA II

4) **DÍASENMES(*Fecha*):** Devuelve el número de días que tiene el mes de la *Fecha* que se le pasa.
6) **DÍASENAÑO(*Fecha*):** Devuelve el número de días que tiene el año de la *Fecha* que se le pasa.
8) **SEMANASENAÑO(*Fecha*):** Devuelve el número de semanas que tiene el año de la *Fecha* que se le pasa. Si una semana se comparte en dos años, esta se incluirá en el año en el que más días tenga.
10) **SEM.DEL.AÑO(*Fecha;Tipo*):** Devuelve el número de semanas completas de un año.
    - *Tipo*:
      - *1*: Las semanas empiezan en domingo.
      - *Otro valor*: Las semanas empiezan en lunes.

DÍASENMES(HOY())	31
DÍASENAÑO(HOY())	365
SEMANASENAÑO(HOY())	53
SEM.DEL.AÑO(HOY();1)	31

CONTAR POR MESES

8) **FECHA.MES(Fecha_inicial;Meses)**
- Devuelve la fecha con el mismo día de mes posterior o anterior (meses negativos) a un número determinado de **Meses**.
- Si dicho día no existiese en la nueva fecha, se cambia al último día del mes.

10) **FIN.MES(Fecha_inicial;Meses)**
- Devuelve la fecha del último día del mes correspondiente a sumar a la **Fecha_inicial** el número de **Meses** indicados.
- Es como FECHA.MES pero devuelve la fecha del último día del mes.

hoy()	06/08/09
FECHA.MES(hoy(),1)	06/09/09
FECHA.MES(hoy(),0)	06/08/09
FIN.MES(hoy(),1)	30/09/09
FIN.MES(hoy(),-1)	31/07/09

COMPOSICIÓN Y DESCOMPOSICIÓN DE HORAS

1) *Descomposición* con: **HORA(Fecha)**, **MINUTO(Fecha)**, **SEGUNDO(Fecha)**
   - Devuelven el valor de la HORA, el MINUTO y el SEGUNDO de la **Fecha** introducida.

2) *Composición* con: **TIEMPO(Hora;Minuto;Segundo)**
   - Devuelve le valor de la hora que se obtiene de componer el valor de la **Hora** a partir de los valores de **Hora**, **Minuto** y **Segundo**, que se le pasan como argumentos.

	A	B
1	AHORA()	15:44:41
2	HORA(A1)	15
3	MINUTO(A1)	44
4	SEGUNDO(A1)	41
5	TIEMPO(A2;A3;A4)	15:44:41

INTERPRETACIÓN DE TEXTO COMO FECHA

- En determinadas circunstancias (texto idéntico a una fecha) y para las funciones vistas en este tema, Calc es capaz de interpretar un texto como una fecha.
- En estos ejemplos los argumentos utilizados están en formato texto (se han introducido entre comillas dobles):

DÍASEM("25/07/09")	5
ESAÑOBISIESTO("24/4/09")	0
SEGUNDO("15:24:23")	23

INTRODUCCIÓN A CALC

TEMA 8: FUNCIONES BÚSQUEDA Y REFERENCIA

ÍNDICE

- Obtener un dato de una lista
- Mas formatos condicionales
- Referencias a celdas
- Función Coincidir
- Función Buscar
- Función Índice
- Función Buscarv
- Función Buscarh

OBTENER UN DATO DE UNA LISTA

- **ELEGIR(*Índice;Valor_1;Valor_2;Valor_3;.....*)**.
    - Devuelve:
        - ***Valor_1*** para un valor de ***Índice*** =1.
        - ***Valor_2*** para un valor de ***Índice*** =2.....
- Ejemplo de aplicación:
    - ELEGIR(DÍASEM(hoy();2);"Lunes";"Martes;.....)
        - Devuelve el día de la semana de hoy.

MÁS "FORMATOS CONDICIONALES" I

- **ESTILO(*"Estilo_inicial";Tiempo;"Estilo2"*)**
    - Pasa de ***Estilo_inicial*** a ***Estilo2*** trascurrido el ***Tiempo*** indicado.
    - Si no utilizamos los argumentos 2 y 3, el *"Estilo_inicial"* aplicado no se modificará.
    - **Sólo** modifica el Estilo de la celda.
    - El resultado es numérico, y es **siempre** "0".
        - A) Cuando se utiliza con *números* se puede sumar con el contenido de la celda: **+ESTILO()**
        - B) Cuando se utiliza con *texto* hay que concatenarlo con el contenido de la celda: **&T(ESTILO())**.
            - La función T() devuelve una cadena vacía, por lo que NO modifica el ***Valor*** de la celda, pero SI su ***Estilo***.

MÁS "FORMATOS CONDICIONALES" II
Ejemplos

A) Para *números* se utiliza la combinación **+ESTILO()**.
- **Se pretende obtener un 10% de descuento con un color cuando la compra supera los 100€ y 0% (con otro color) en otro caso.**
  - Previamente se definen en **Estilo y formato** (**F11**) los estilos a utilizar (*color_descuento, color_sin_descuento*).
  - =SI(E3>100;10%+ESTILO("*color_descuento*");0% +ESTILO("*color_sin_descuento*"))

MÁS "FORMATOS CONDICIONALES" III
Ejemplos

B) Para *textos* utilizamos la combinación **&T(ESTILO())**.
- **Se pide que el color de una casilla cambie según el tipo de prenda que se ha escrito en él.**
  - Se define previamente un **Estilo** para cada tipo de prenda (Estilo_zapatos, Estilo_Ropa,...) y se utiliza la función **Elegir**.
  - Se muestran dos formas de resolver el problema:
    a) =ELEGIR(*tipo_prenda*;"Zapatos"&T(ESTILO("*Estilo_zapatos*")) ;"Ropa"&T(ESTILO("*Estilo_Ropa*"))).
      - tipo_prenda vale "1" para indicar Zapatos y "2" para indicar Ropa.
    b) =ELEGIR(*tipo_prenda*;"Zapatos"&T(ESTILO("*Estilo_zapatos*")) ;"Ropa"&T(ESTILO(ELEGIR(*tipo_ropa*;"*Estilo_camisa*";"*Estilo_ pantalon*")))
      - *Tipo_prenda*: 1 (para zapatos) o 2 (para ropa).
      - *Tipo_ropa*: 1 (para camisa) o 2 (para pantalón)

REFERENCIAS A CELDAS I

1) **COLUMNA(*Ref*)**
   - Devuelve el número de la columna de la casilla indicada como **Ref**. La columna A es el 1, la B el 2, la C el 3.....
   - =COLUMNA(**B**4) devuelve "**2**"
   - =COLUMNA(**C**3:D7) devuelve "**3**"
2) **COLUMNAS(*Matriz*)**
   - Devuelve el número de columnas de la **Matriz**.
   - =COLUMNAS(**B**2:**D**7) devuelve "3".
3) **FILA(*Ref*)**
   - Devuelve el número de fila de la casilla indicada en **Ref**.
   - =FILA(D**3**) devuelve "**3**".
4) **FILAS(*Matriz*)**
   - Devuelve el número de filas de la **Matriz**.
   - =FILAS(B**2**:C**4**) devuelve "3".

REFERENCIAS A CELDAS II

5) **HOJA(*Ref*)**
   - Devuelve el numero de hoja de una referencia situada en la hoja de la casilla indicada por **Ref**.
   - =HOJA(Hoja**2**.E18) devuelve el número **2**
   - =HOJA(E18) devuelve el número de hoja en la que está esta fórmula.
7) **HOJAS(*Ref*)**
   - Determina el número de hojas de la referencia indicada por **Ref**.
   - =Hojas() devuelve el número de hojas del documento actual : 3
   - =Hojas(E1) devuelve 1 ya que la E1 hace referencia a una casilla que se encuentra en una hoja.

REFERENCIAS A CELDAS III

7) **INDIRECTO(*Texto;A1*)**
   - Devuelve el contenido de la celda especificada por *Texto* (representa una celda o un rango en **formato** texto).
     - **=INDIRECTO(A2)** es igual a 100 si **A2** contiene C108 como referencia y la celda C108 contiene el valor de 100.
   - En caso de utilizar un *Rango* para el argumento *Texto*:
     a) Si aplicamos la fórmula, tal y como hemos hecho hasta ahora, devolvería el valor de la primera celda.
     b) Para que devuelva el valor de las celdas del *Rango* se debe de utilizar la función como *Matriz* (*Ctrl+May+Intro* para introducir la fórmula).
   - *A1* es un parámetro obligatorio u optativo dependiendo de la versión de Calc. Se recomienda ver la *Ayuda* de la función.

	A	B	C	D
1		RESULTADOS	REFERENCIAS	DATOS
2	INDIRECTO(C1)	100	D2	100
3	"{=indirecto(C2:C4)}	1	D3	1
4	"{=indirecto(C2:C4)}	2	D4	2
5	"{=indirecto(C2:C4)}	3	D5	3

REFERENCIAS A CELDAS IV

8) **DESREF(*Ref;filas;columnas;altura;ancho*)**
   - Devuelve el valor de una celda (o a un rango de ellas) a la que accedemos desplazándonos una determinada cantidad de *Filas* y *Columnas* a partir de un punto de referencia (*Ref*).
   - *Altura/Ancho* es el desplazamiento hacia abajo y hacia la izquierda del rango de valores seleccionado.
   - Para utilizarlo en un *Rango* deberemos de:
     a) Activar la casilla *Matriz* del *Asistente.*
     b) Aplicar la combinación de teclas *Ctrl+May+Intro*.

9	DATOS		
10		2	2
11		2	2
12	=DESREF(A10;1;1)		
13		2	2
14		2	2

FUNCIÓN COINCIDIR I

- **COINCIDIR(***Valor_buscado;Vector_busqueda; tipo_de_coincidencia***).**
    - Devuelve la posición del **Valor_buscado** en el **Vector_búsqueda** (fila o columna)
    - *Tipo_de_coincidencia*:
        - 1 (por defecto):
            - Búsqueda aproximada por defecto.
            - Devuelve la posición exacta o la posición del valor inferior más próximo.
            - El vector ha de estar **ordenado ascendentemente**.
        - 0:
            - Búsqueda exacta.
            - Devuelve la posición si está el valor o #N/A si no está.
            - No es necesario que el vector esté ordenado.
        - -1:
            - Búsqueda aproximada por exceso.
            - Devuelve la posición exacta o la posición del valor superior más próximo.
            - El vector ha de estar **ordenado descendentemente**.

FUNCIÓN COINCIDIR II
Ejemplo

- En este ejemplo utilizamos la función COINCIDIR para proporcionar la posición de llegada a partir del nombre.
- Funciona, ya que los nombres están ordenados por **Posición de llegada**.
    - Es decir, coincide la posición del **Nombre** con la **Posición de llegada**.
- La búsqueda ha de ser exacta (*Tipo_de_coincidencia=0*) ya que la lista **Nombres** no está ordenada.

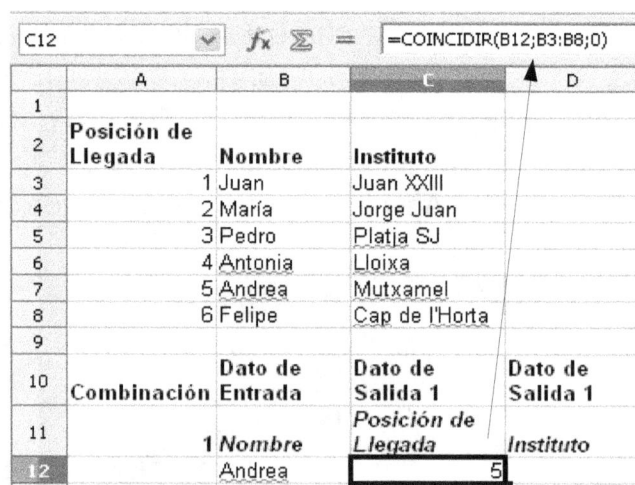

FUNCIÓN COINCIDIR III

- Se nos puede plantear el buscar un número en un determinado vector, y si no está se debe mostrar el valor:
    a) Por **exceso** (Tipo: -1) en el **Vector de Búsqueda 1**.
    b) Por **defecto** (Tipo: 1) en el **Vector de Búsqueda 2**.
- Se observa que:
    - En la segunda fila del ejemplo la función **Coincidir** devuelve **Error** buscando por defecto en un vector ordenado descendentemente.

	Vector de Búsqueda 1	Vector de Búsqueda 2	
4			
5		8	1
6		6	3
7		5	4
8		4	5
9		3	6
10		1	8
11			
12	=COINCIDIR(2;A5:A9;-1)	5	Posición
13	=COINCIDIR(2;A5:A9;1)	#N/A	
14	=COINCIDIR(2;B5:B10;1)	1	Posición
15	=COINCIDIR(2;B5:B10;-1)	#N/A	
16	=ÍNDICE(A5:A10;COINCIDIR(2;A5:A9;-1);1)	3	Valor
17	=ÍNDICE(B5:B10;COINCIDIR(2;B5:B10;1);1)	1	Valor

FUNCIÓN BUSCAR I

- **BUSCAR(*Valor_buscado;Vector_comparación; Vector_resultado*)**
    - Busca el **Valor_buscado** en el **Vector_comparación** y devuelve el valor situado en la misma posición en el **Vector_resultado**
    - Si no se encuentra el valor exacto se coge el más cercano por defecto (inferior).
    - Es **NECESARIO** que: El **Vector_comparación** esté ordenado **ascendéntemente**.

FUNCIÓN BUSCAR II

- En el siguiente ejemplo el valor buscado se obtiene de la columna **Posición de llegada**, que como se ha visto, ha sido obtenida con una función **COINCIDIR**.
- La función **BUSCAR NO** se pude utilizar a partir del valor de la columna **Nombre,** ya que dicha columna **NO** está **ordenada**.
- En cambio, si que se ha podido utilizar la columna **Posición de llegada,** ya que esta **SI** está ordenada **ascendéntemente**.

	A	B	C	D
1				
2	Posición de Llegada	Nombre	Instituto	
3	1	Juan	Juan XXIII	
4	2	María	Jorge Juan	
5	3	Pedro	Platja SJ	
6	4	Antonia	Lloixa	
7	5	Andrea	Mutxamel	
8	6	Felipe	Cap de l'Horta	
9				
10	Combinación	Dato de Entrada	Dato de Salida 1	Dato de Salida 1
11	1	Nombre	Posición de Llegada	Instituto
12		Andrea	5	Mutxamel

D12 =BUSCAR(C12;A3:A8;C3:C8)

FUNCIÓN ÍNDICE I

- **ÍNDICE(*Ref;Num_fila;Num_columna;Área*)**
  - Devuelve el valor de la matriz (**Ref**) correspondiente a la posición indicada por el **Num_fila** y el **Num_columna**.
  - Por ejemplo =ÍNDICE(costes,10,4), devuelve el valor del coste del producto situado en la fila-10 columna-4.
- Se utiliza habitualmente con la función COINCIDIR.
  - La función COINCIDIR devuelve un valor que se utilizará en **Num_fila** (o **Num_columna**), o en ambas.
  - Por ejemplo, =ÍNDICE(costes,COINCIDIR(),COINCIDIR()) es una combinación típica.

FUNCIÓN ÍNDICE II

- En este otro ejemplo se puede aprovechar el dato (***Posición de llegada***) para una de las variables (***Num_fila***), ya que coincide con las filas.

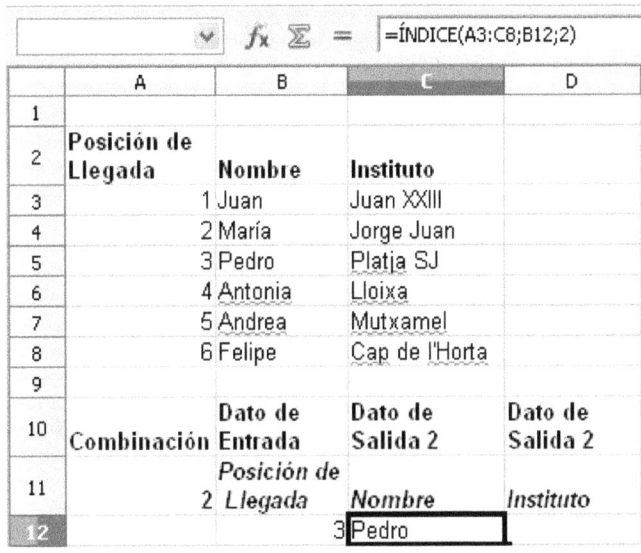

FUNCIÓN ÍNDICE III

- En este ejemplo es necesario combinar la función ÍNDICE con la de COINCIDIR para obtener la posición de la matriz de la que queremos obtener el dato.

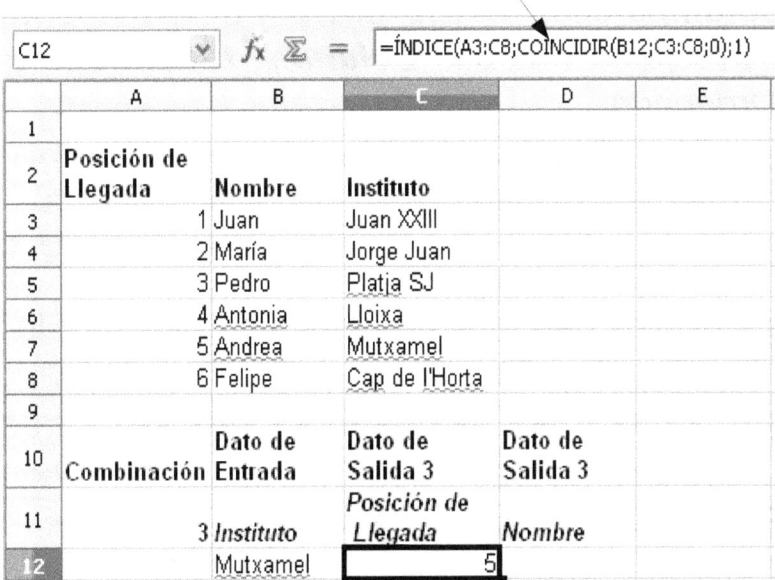

FUNCIÓN INDICE IV
BUSQUEDA POR DOS CRITERIOS

- Como parámetros de la función ÍNDICE, se utiliza la función coincidir dos veces.
-

FUNCIÓN BUSCARV I

- **BUSCARV(*Valor_buscado;Matriz_datos; Columna_resultado;Ordenado*)**
  - Esta función busca el ***Valor_buscado*** en la ***primera columna*** de la ***Matriz_datos*** y devuelve el valor correspondiente a la ***Columna_resultado***.
  - *Ordenado*:
    - a) *Falso*: Búsqueda exacta.
    - b) *Verdadero* (defecto):Búsqueda aproximada.
      - En este caso, la primera columna ha de estar ordenada **ascendentemente.**
  - Se utiliza cuando la búsqueda se hace por la **PRIMERA** columna.
  - Según lo visto, estas dos funciones serían equivalentes:
    - INDICE(rango;coincidir(E3;rango;0);1)
    - BUSCARV(E3;rango;1;FALSO)

FUNCIÓN BUSCARV II

- Se han marcado en sombreado aquellas casillas que se pueden obtener con la función BUSCARV, ya que parten de datos cuya referencia se hace a la primera columna.

FUNCIÓN BUSCARH I

- Idéntica a BUSCARV, pero esta fórmul busca en horizontal.
- Respecto de las dos funciones (BUSCARV y BUSCARH) es importante:
  a) Poner siempre el tercer parámetro de la función (*Ordenado*), ya que no es lo mismo buscar un valor exacto que uno aproximado.
  b) En el caso de búsqueda aproximada (*Ordenado*=Verdadero), la matriz ha de estar ordenada **ascendéntemente**.

FUNCIÓN BUSCARH II

- La función **BUSCARH** no es aplicable a ninguna de las tablas anteriores, ya que los datos de estas se organizan en columnas. Pero si convertimos las columnas de la tabla del ejemplo anterior en filas, si que podríamos utilizarla:

C11   fx Σ =   =BUSCARH(B11;B3:G5;2)

	A	B	C	D	E	F	G
1							
2							
3	Orden de Llegada	1	2	3	4	5	6
4	Nombre	Juan	María	Pedro	Antonia	Andrea	Felipe
5	Instituto	Juan XXIII	Jorge Juan	Platja SJ	Lloixa	Mutxamel	Cap de l'Horta
6							
7							
8							
9	Combinación	Dato de Entrada	Dato de Salida 2	Dato de Salida 2			
10	2	Posición de Llegada	Nombre	Instituto			
11		3	Pedro				

INTRODUCCIÓN A CALC

TEMA 9: FUNCIONES FINANCIERAS

ÍNDICE

- Datos para pagos periódicos
- Función Pago
- Función Pagoint
- Función Amortización
- Función VA
- Función VF
- Función NPER
- Función TASA
- Función VNA
- Función TIR

DATOS PARA PAGOS PERIÓDICOS

1) *Tasa*: Es el tipo de interés por periodo. Si el periodo es de meses, el TAE ha de dividirse entre 12 para obtener la *Tasa*.
2) *Nper*: Es el *Número* de periodos durante los que se paga.
3) *VA*: Es el *Valor* actual de la secuencia de pagos.
4) *VF*: Es el *Valor* final una vez terminan los periodos de pago.
5) *Tipo*: Se refiere al tipo de vencimiento de los pagos:
   - *0* (**Postpago**): Los pagos se realizan al final del periodo (préstamos).
   - *1* (**Prepago**): Los pagos se realizan al principio del periodo (planes de ahorro o pensiones).

FUNCIÓN PAGO

1) **PAGO(*Tasa; Nper; VA; VF; Tipo*)**
   - Para un préstamo o inversión, indica la cantidad periódica fija a pagar para:
     a) Devolver la cantidad recibida.
     b) Pagar los intereses.
- Ejemplo préstamo:
  - PAGO(5%/12;24*12;150000;0;0)
  - El resultado de la función es -895,35 €.
  - El signo de los valores introducidos, y obtenidos, indica el sentido en el que circula el dinero.
    - Los 150.000 € son positivos (del banco al cliente).
    - Los pagos (-895,35€) son negativos (del cliente al banco).

FUNCIÓN PAGOINT

- En todo préstamo los pagos periódicos tienen dos componentes: Amortización del principal e Intereses.
2) **PAGOINT(*Tasa; Periodo; Nper; VA; VF; Tipo*)**
    - Devuelve la parte del pago correspondiente al interés en un periodo específico, que deberá de estar entre 1 y *Nper*.
- PAGOINT(5%/12;20;24*12;150000;0;0)
    - Devuelve -602,78 €

FUNCIÓN AMORTIZACIÓN

3) **PAGOPRIN(*Tasa; Periodo; Nper; VA; VF; Tipo*)**
    - Devuelve la parte del pago correspondiente a la *Amortización* en un periodo específico, que deberá de estar entre 1 y *Nper*.
- **PAGOPRIN**(5%/12;20;24*12;150000;0;0)
    - Devuelve -292,57 €
- La suma de la *Amortización* y de los *Intereses* ha de ser igual al valor obtenido en la función pago.

FUNCIÓN VA

4) **VA(*Tasa; Nper; Pago; VF; Tipo*)**
   - Devuelve el valor que tienen actualmente una serie de pagos futuros.
- Esto se calcula para unos pagos (***Pago***) y una tasa de interés (***Tasa***) contantes.
- VA(5%/12;24*12;-895,35;0;0)
   - Devuelve 150.000,63 € (Aprox. 150.000€)
   - En este ejemplo hay que notar que el pago total es lógicamente (el banco gana) superior a 150.000. En concreto 257.859,73 € (24*12*895,35€).

FUNCIÓN VF

5) **VF(*Tasa; Nper; Pago; VA; Tipo*)**
   - Devuelve el valor final de una serie de pagos futuros, teniendo en cuenta:
      - Unos pagos (***Pago***) y una tasa de interés (***Tasa***) contantes.
- VF(5%/12;24*12;-895,35;150000;0)
   - Devuelve 2,07 € (Aprox. 0 €). Es decir, el valor final del préstamo tras realizar todos los pagos exigidos, es de 0 euros.

FUNCIÓN NPER

6) **NPER(*Tasa; Pago; VA; VF; Tipo*)**
   - Devuelve el número de pagos (Se corresponde con el ***Número de periodos***) que hay que realizar para amortizar un préstamo.
- NPER(5%/12;-895,35;150000;0;0)
   - Si el resultado lo dividimos entre 12 obtenemos el número de años (24 años).

FUNCIÓN TASA

7) **TASA(*NPer; Pago; VA; VF; Tipo;* *Estimar*)**
   - Devuelve la ***Tasa*** a aplicar para las condiciones que se establecen como argumentos.
   - *Estimar*: Es un parámetro optativo que permite facilitar la obtención del resultado siempre que se conozca aproximadamente.
     - Si no se pone nada considera por defecto un 10% de ***Tasa***.
     - Si la ***Tasa*** fuese considerablemente diferente del 10%, es necesario incluir un valor (aproximado) ya que puede que la fórmula no nos ofrezca un resultado consistente.
   - TASA(24*12;-895,35;150000;0;0)
     - Devuelve 0,42%. ¿Está bien?.

FUNCIÓN VNA

8) **VNA(*Tasa;Valor 1; Valor 2;...*)**
    - Devuelve el valor neto actual de una serie de flujos de caja futuros.
- Como norma se consideran:
    - Los ingresos como valores positivos
    - Los pagos como valores negativos.
- Se considera por defecto que:
    - Los flujos de caja se producen **al final del periodo.**
    - Los periodos tienen la misma duración.
    - La *Tasa* de descuento permanece constante.
- Si hay un flujo inicial al principio del primer periodo, este se suma al resultado de la función VNA().
- Los periodos sin pago se han de indicar con el valor 0.

FUNCIÓN TIR

9) **TIR(*Valores; Estimar*)**
    - Devuelve la tasa interna de rendimiento de una serie de flujos de caja positivos y negativos (han de estar ambos incluidos).
    - Se corresponde a la tasa de interés para un valor neto actual igual a cero:
        - Inversión − VNA(**TIR**;Pago1;Pago2;....) =0

Inversión	600,00 €
Primer Mes	-130,00 €
Segundo Mes	-220,00 €
Tercer Mes	-310,00 €
=TIR(600;-130;-220;-310)	4,31%
=600+VNA(0,0431;-130;-220;-310)	0,04 €

INTRODUCCIÓN A CALC

TEMA 10: FUNCIONES MATEMÁTICAS, DE MATRIZ Y ESTADÍSTICAS

ÍNDICE

- Funciones conocidas
- Funciones matemáticas sencillas
- Funciones condicionales
- MCD y MCM
- Funciones redondeo
- Funciones matemáticas
- Funciones con matrices
- Funciones estadísticas

FUNCIONES CONOCIDAS

- **Algunas de las funciones matemáticas ya las hemos visto a lo largo de los capítulos:**
1) **PI()**
2) **SUMA(*Valor1;Valor2;....*)**
3) **POTENCIA(*Valor;Exponente*)**
4) **COCIENTE(*Numerador;Divisor*)**
5) **Residuo(*Dividendo;Divisor*)**. Devuelve el resto
6) +, -, *, /, ^......

FUNCIONES MATEMÁTICAS SENCILLAS

1) **ABS(*Valor*)**. Valor absoluto del número.
2) **SIGNO(*Valor*)**. Devuelve:
   - *1*:Si el *Valor* tiene signo positivo
   - *0*:Si el *Valor* es igual a 0
   - *-1*:Si el *Valor* tiene signo negativo
3) **ESPAR(*Valor*)**. Devuelve:
   - *VERDADERO*:*Valor* par.
   - *FALSO*:*Valor* impar.
4) **ESIMPAR(*Valor*)**. Igual que el anterior, pero para impares.
5) **RAIZ(*Valor*)**. Devuelve la raíz cuadrada.

	A	B
1	=SIGNO(-2)	-1
2	=SIGNO(3)	1
3	=ESPAR(2)	1
4	=ESIMPAR(2)	FALSO
5	=RAIZ(4)	2

FUNCIONES CONDICIONALES

1) **SUMA(*Valor1, Valor2;...*)**
2) **SUMAR.SI(*Área;Criterio; Área_de_suma*).**
   - *Área*:Zona de comparación.
   - El *Criterio* puede ser:
     a) *Número sin comillas*:1.
     b) *Letra entre comillas*:"a".
     c) *Desigualdad entre comillas*:">1".
   - *Área_de_suma*: Zona con los valores para sumar.

	A	B
1		
2	Área Condiciones	Área suma
3	1	1
4	0	2
5	0	3
6	1	4
7	a	1
8	b	2
9	b	3
10	a	4
11		
12	=SUMAR.SI(A3:A6;1;B3:B6)	5
13	=SUMAR.SI(A7:A10;"a";B7:B10)	5
14	=SUMAR.SI(A3:A6;"<1";B3:B6)	5

MCD(Máximo común divisor) y MCM(Mínimo común múltiplo)

1) **M.C.D(*Valor1;Valor2;....*).**
   - Comunes con el menor exponente.
2) **M.C.M(*Valor1;Valor2;...*).**
   - Comunes y no comunes con el mayor exponente.

	A	B	C
1	Valores	Descomposición	
2	6	=2*3	
3	4	=2*2	
4	10	=2*5	
5			
6	=M.C.D(A2:A4)	2	
7	=M.C.M(A2:A4)	60	=2*2*3*5

FUNCIONES REDONDEO I

1) **REDONDEAR(*Valor;núm_decimales*)**
   - ***Núm_decimales***: 0 unidades;1 décimas; 2 centésimas; -3 millares;-2 centenas;-1decenas;......
2) **REDONDEAR.MENOS(*Valor; Núm_decimales*)**
   - Redondea por debajo.
3) **REDONDEAR.MAS(*Valor;Núm_decimales*)**
   - Redondea por arriba.
4) **REDONDEA.PAR(*Valor*)**
   - Redondea al entero par superior más próximo.
5) **REDONDEA.IMPAR(*Valor*)**
   - Redondea al entero impar superior más próximo.

	A	B
1	VALOR	0,2340
2		
3	=REDONDEAR(B1;2)	0,23
4	=REDONDEAR.MENOS(B1;2)	0,23
5	=REDONDEAR.MAS(B1;2)	0,24
6	=REDONDEA.PAR(B1)	2
7	=REDONDEA.IMPAR(B1)	1

FUNCIONES REDONDEO II

6) **MÚLTIPLO.INFERIOR(*Valor;Número;Modo*)**
   - Redondea el ***Valor*** a un número inferior, el cual ha de ser múltiplo del ***Número*** dado.
7) **MÚLTIPLO.SUPERIOR(*Valor;Número;Modo*)**
   - Redondea el ***Valor*** a un número superior, el cual ha de ser múltiplo del ***Número*** dado.
8) **TRUNCAR(*Valor;Núm_decimales*)**
   - Elimina los valores (decimales) que exceden el ***Número de decimales*** indicado.
9) **INT(*Valor*)**
   - Devuelve el ***Valor*** entero (al que le hemos eliminado todos los decimales).

	A	B
1	VALOR	12,25
2		
3	=MÚLTIPLO.INFERIOR(B1;7)	7
4	=MÚLTIPLO.SUPERIOR(B1;5)	15
5	=TRUNCAR(B1;1)	12,2
6	=INT(B1)	12

OTRAS FUNC MATEMÁTICAS

1) **SENO(); COSENO(); TAN(); ASENO()....**
2) Funciones de conversión:
   - **GRADOS (*Radianes*)**
   - **RADIANES(*Grados*)**
3) **LN(); LOG10(); LOG(); EXP()**
4) **COMBINAT(*n;m*)**
   - Calcula la combinación sin repetición de n elementos cogidos de m en m.
5) **COMBINAR2(*n,m*)**
   - Calcula la combinación con repetición de n elementos cogidos de m en m.
   - Función no disponible en la versión 3.3.0

FUNCIONES CON MATRICES I

1) **SUMA.PRODUCTO(*MATRIZ1;MATRIZ2;...*)**
   - Es el producto escalar de dos o más vectores: Se multiplican las matrices y se suman los valores obtenidos.
   - Se utiliza, por ejemplo, para multiplicar artículos por precios y obtener el total.
2) **MDETERM(*Matriz*)**
   - Calcula el determinante de una *Matriz.*
   - La matriz ha de ser cuadrada.
3) **MINVERSA(*Matriz*)**
   - Proporciona la matriz inversa (mismas dimensiones original): Matriz*M.Inversa=M.Identidad
   - Condición:
     - El determinante de la matriz origen ha de ser <> 0.
   - Procedimiento:
     a) Seleccionar el rango adecuado para la matriz inversa.
     b) Introducir la función.
     c) Validar con la combinación con *Ctrl+May+Intro*.

FUNCIONES CON MATRICES II
Ejemplo

- La matriz (A3:C5) utilizada para los dos últimos ejemplos, sólo tiene un objetivo didáctico. Es decir, no nos proporciona ningún valor práctico respecto del problema inicial.

	A	B	C	D
1				
2	Cantidad	Precio	Subtotal	
3	2	1	2	
4	3	2	6	
5	1	3	3	
6				
7	Total			
8	=SUMA.PRODUCTO(A3:A5;B3:B5)	11		
9	=SUMA(C3:C5)	11		
10				
11	=MDETERM(A3:C5)	-13		
12	=MINVERSA(A3:C5)	0,92	-0,23	-0,15
13		0,23	-0,31	0,46
14		-0,54	0,38	-0,08

FUNCIONES CON MATRICES III

4) **MMULT(*Matriz1;Matriz2*)**.
   - Producto de dos **Matrices.**
   - El tamaño de la nueva matriz es el número de filas de la primera y el número de columnas de las segunda.
   - Para poder multiplicar, el número de columnas de la primera matriz ha de ser igual al número de filas de la segunda.
   - Para multiplicar:
     1) Seleccionamos las casillas con la dimensión del resultado.
     2) Introducimos la fórmula.
     3) La aplicamos mediante la combinación ***Ctrl+May+Intro***
- APLICACIÓN FUNCIONES CON MATRICES:
  - SISTEMAS CRAMER
    - Si MDETERM(Matriz_de_coef)<>0 entonces:
      - Matriz_de_soluciones= MMULT(MINVERSA(Matriz_de_coef);Matriz_term_indep)

FUNCIONES CON MATRICES IV
Ejemplo Sistema Cramer

	A	B	C	D
1	Sistema a resolver	Matriz de Coeficientes		
2	2x+3y+5z=6	2	3	5
3	4x+5y+2z=1	4	5	2
4	1x+2y+3z=3	1	2	3
5		Matriz de Términos Independientes		
6		6		
7		1		
8		3		
9		Determinante Matriz de Coeficientes		
10	'=MDETERM(B2:D4)	7		
11		Matriz inversa		
12	=MINVERSA(B2:D4)	1,57	0,14	-2,71
13		-1,43	0,14	2,29
14		0,43	-0,14	-0,29
15	=MMULT(B12:D14;B6:B8)	Solución del Sistema		
16		1,43		
17		-1,57		
18		1,57		

FUNCIONES CON MATRICES V

5) **TRANSPONER(*Matriz*)**
- Convierte filas en columnas y viceversa.
- Matriz m*n se convierte en n*m.
- El procedimiento para transponer es el mismo que el visto hasta ahora para las otras funciones:
    - Seleccionamos las dimensiones de la matriz destino, aplicamos la fórmula y ***Ctrl+May+Intro***.

FUNCIONES ESTADÍSTICAS I

1) **CONTAR(*Valor1;Valor2;Valor3;..*)**
   - Cuenta el número de celdas de un rango que contengan un valor numérico.
   - Las celdas vacías o con valores no numéricos son ignoradas.
2) **CONTAR.BLANCO(*Área*)**
   - Cuenta el número de celdas vacías.
   - No es una celda vacía:
     - Una celda con un espacio en blanco.
     - Una celda con una formula cuyo resultado sea una cadena de texto vacío ("").
3) **CONTARA(*Valor1;Valor2;...*)**
   - Cuenta el número de celdas no vacias.

FUNCIONES ESTADÍSTICAS (I)
Ejemplo

	A	B	C
1	Datos		
2		1 b	
3		2	
4	t	6	
5			
6	=CONTAR(A2:B4)	1	Numéricas
7	=CONTAR.BLANCO(A2:B4)	4	Blanco
8	=CONTARA(A2:B4)	2	No blanco
9	=B8+B7	6	Total
10	=B9-B7-B6	1	No numéricas

TEMA 10. Funciones matemáticas, de matriz y estadísticas

FUNCIONES ESTADÍSTICAS II

4) **CONTAR.SI(*Área;Criterio*)**
   - Cuenta las celdas no vacías que cumplen una determinada condición.
   - Los criterios son los mismos que en la función **SUMAR.SI()**.

5) **FRECUENCIA(*Datos;Grupos*)**
   - Calcula la frecuencia de los ***Datos*** para cada uno de los elementos de la matriz ***Grupos*** (es la tabla de frecuencias).
   - Añade al resultado un valor de frecuencia más para todos los valores que superan el grupo con valor máximo.
   - Proceso:
     1) Se selecciona el rango destino (vector con una celda más que el vector ***Grupos***)
     2) Se introduce la fórmula.
     3) Se aplica la combinación ***Ctrl+May+Intro***.

FUNCIONES ESTADÍSTICAS III

6) **MÁX(*Num1;Num2;...*)**. Valor max de un conjunto de valores.
7) **MÍN(*Num1;Num2;...*)**. Valor min de un conjunto de valores.
8) **MEDIANA(*Num1;Num2;...*)**
   - De vuelve el valor central de un conjunto de valores, o la media de los dos valores centrales.
9) **MODO(*Num1;Num2;...*)**
   - Devuelve:
     a) El <u>valor</u> más repetido.
     b) ***#VALOR***: Si no se repite ningún valor.
     c) *Si hay dos "modas"*: Devuelve la que tenga un valor inferior.
- En la siguiente transparencia se muestra un ejemplo de aplicación de todas las funciones estadísticas.

FUNCIONES ESTADÍSTICAS IV
Ejemplo

	A	B	C	D	E
1					
2		Celdas			
3		2	12	1	1
4		5	-1	12	6
5		6	6	2	1
6					
7	=CONTAR.SI(B3:E5;">1")	8		Rangos frec.	
8	'=FRECUENCIA(B3:E5;D8:D10)	4	Menos de 1	1	
9	'=FRECUENCIA(B3:E5;D8:D10)	3	Entre 2 y 5	5	
10	'=FRECUENCIA(B3:E5;D8:D10)	3	Entre 6 y 10	10	
11	'=FRECUENCIA(B3:E5;D8:D10)	2	Mas de 10		
12					
13	=MÁX(B3:E5)	12			
14	=MÍN(B3:E5)	-1			
15	=MEDIANA(B3:E5)	3,5			
16	=MODO(B3:E5)	1			

REGRESIÓN LINEAL

1) **PENDIENTE(*Datos_y;Datos_x*)**
   - Calcula la pendiente de la recta de regresión mínimo cuadrática.
2) **INTERSECCIÓN.EJE(*Datos_y;Datos_x*)**
   - Calcula el punto de corte de la recta de regresión mínimo cuadrática con el eje y.

TEMA 10. Funciones matemáticas, de matriz y estadísticas

REGRESIÓN LINEAL II

3) ESTIMACIÓN.LINEAL(*Datos_y;Datos_x;tipo_lineal; estadística*)

- *Tipo_lineal*
    - <u>0</u>:La recta calculada ha de pasar por el origen de coord.
    - <u>Otro valor</u>:La recta se ajusta a los valores dados.
- *Estadística*
    - <u>0</u>:Se muestran la pendiente y el punto de intersección
    - <u>Otro valor</u>: Se muestran los siguientes estadísticos:

Pendiente	Intersección
Error estándar de la pendiente	Error estándar de la intersección
Coef R2	Error estándar de la regresión calculada para el valor Y
El valor F del análisis de varianza	Los grados de libertad del análisis de varianza
La suma de la desviación cuadrada de los valores Y estimados de su media lineal	La suma de la desviación cuadrada de los valores Y estimados de los valores Y especificados

REGRESIÓN LINEAL III
Ejemplo

	A	B	C
1	**Altura**	**Peso**	
2	1,54	50	
3	1,6	55	
4	1,65	58	
5	1,75	65	
6	1,8	70	
7	1,76	75	
8	1,79	79	
9	1,68	59	
10	1,69	60	
11	1,72	63	
12			
13	=PENDIENTE(B2:B11;A2:A11)	98,29005700	
14	=INTERSECCIÓN.EJE(B2:B11;A2:A11)	-103,49651678	
15	=ESTIMACIÓN.LINEAL(B2:B11;A2:A11;1;1)	98,29005700	-103,49651678
16	=ESTIMACIÓN.LINEAL(B2:B11;A2:A11;1;1)	15,67911472	26,65228142
17	=ESTIMACIÓN.LINEAL(B2:B11;A2:A11;1;1)	0,83086148	3,94042076
18	=ESTIMACIÓN.LINEAL(B2:B11;A2:A11;1;1)	39,29851124	8,00000000
19	=ESTIMACIÓN.LINEAL(B2:B11;A2:A11;1;1)	610,18467384	124,21532616

INTRODUCCIÓN A CALC

TEMA 11: FUNCIONES DE INFORMACIÓN Y TEXTO

ÍNDICE

- Funciones de información
- Funciones de texto

FUNCIONES DE INFORMACIÓN I

1) **ESBLANCO(*Valor*)**. Devuelve:
   - *VERDADERO*: Si la celda referenciada por **Valor** está vacía.
   - *FALSO*: En caso contrario.
2) **ESERR(*Valor*)**. Devuelve:
   - *VERDADERO*: El **Valor** (o celda referenciada) que se pasa contiene un **Error**.
     - **NO** considera como error #N/A (Valor fuera de rango).
   - *FALSO*: En caso contrario.
3) **ESERROR(*Valor*)**. Devuelve:
   - *VERDADERO*: El **Valor** (o celda referenciada) que se pasa contiene un **Error**.
     - **SI** considera **#N/A** como **Error**.
   - *FALSO*: En caso contrario.

FUNCIONES DE INFORMACIÓN II

4) **ESNÚMERO(*Valor*)**. Devuelve:
   - *VERDADERO*: El **Valor** (o celda referenciada) es un número.
   - *FALSO*: Para cualquier otro caso.
6) **ESTEXTO(*Valor*)**. Devuelve:
   - *VERDADERO*: El **Valor** (o celda referenciada) es un texto.
   - *FALSO*: Para cualquier otro caso.

	A	B	C
1			
2	Datos		
3		=ESBLANCO(A3)	VERDADERO
4	#NUMERO!	=ESERR(A4)	VERDADERO
5	#DIV/0!	=ESERROR(A5)	VERDADERO
6	a	=ESNÚMERO(A6)	FALSO
7	3	=ESNÚMERO(A7)	VERDADERO
8	B	=ESTEXTO(A8)	VERDADERO

FUNCIONES DE TEXTO I

1) **CONCATENAR(*Texto1;Texto2;..*)**
   - Permite unir varias cadenas de texto tal y como hace el operador de texto "&".
2) **DECIMAL(*Texto;Base*)**
   - Devuelve un **NÚMERO**:
     - Se obtiene de convertir un número (*Texto*) en la *Base* indicada, en su correspondiente valor en base 10.
   - *Texto*: Contiene el número a convertir.
     - Acepta un número en formato numérico o texto.
3) **MONEDA(*Número;Decimales*)**.
   - Devuelve un **TEXTO**:
     a) Con la representación en formato moneda del *Número* que se le pase como parámetro.
     b) Con el número de *Decimales* indicados.

FUNCIONES DE TEXTO II

4) **TEXTO(*Número;Formato*)**
   - Convierte un *Número* en un texto según el *Formato* indicado en el segundo argumento.
   - El argumento *Formato* es una cadena (del tipo ##,#0) tal y como se vio en el tema de Formato.
   - El formato indicado mediante esta forma prevalece sobre el formato de la celda.
6) **VALOR(*Texto*)**
   - Convierte un *Texto* en un número.

	A	B
1		
2	=CONCATENAR("pedro";" ";"sanchez")	pedro sanchez
3	=DECIMAL(20;2)	Err:502
4	=DECIMAL(10;2)	2
5	=MONEDA(23,4567;2)	23,46 €
6	=TEXTO(23,456;"00#,##")	023,46
7	=VALOR(A6)	23,46

FUNCIONES DE TEXTO III

6) MAYÚSC(*Texto*)
- Convierte a mayúsculas un *Texto*.

8) MINÚSC(*Texto*)
- Convierte a minúsculas un *Texto*.

10) NOMPROPIO(*Texto*)
- Convierte en mayúsculas la primera letra de cada palabra de la frase que se le pasa.

12) REDUCIR(*Texto*)
- Devuelve el texto sin los espacios en blanco.

	A	B
1	Dato	Pedro Almenar
2		
3	=MAYÚSC(B1)	PEDRO ALMENAR
4	=MINÚSC(B1)	pedro almenar
5	=NOMPROPIO(A4)	Pedro Almenar
6	=REDUCIR(B1)	Pedro Almenar

FUNCIONES DE TEXTO IV

10) LARGO(*Texto*)
- Devuelve el número de caracteres de una cadena de *Texto*.

12) ENCONTRAR(*Texto_buscado;Texto;Posición_inicial*)
- Devuelve la posición de un texto (*Texto_buscado*) en una cadena (*Texto*), contando tantas posiciones como letras a partir de la *Posición_inicial*.
- El *Texto_buscado* y el *Texto* se escriben entre comillas dobles o mediante referencias a celdas que los contengan.
- La *Posición_inicial* se indica mediante un número sin comillas.
- *Nota:* La *Función* también cuenta los espacios en blanco.

14) MID(*Texto; Posición; Núm_Caracteres*)
- Devuelve el *Núm_Caracteres* del *Texto* situados a partir de la *Posición* indicada.
- El *Texto* se escribe entre comillas dobles o mediante referencias a celdas que los contengan.
- La *Posición* y el *Núm_Caracteres* se indican mediante un número sin comillas.
- *Nota:* La *Función* también cuenta los espacios en blanco.

FUNCIONES DE TEXTO V
Ejemplo

- **Extraer el nombre y el apellido de una cadena de caracteres.**
  - La cadena de caracteres contiene los elementos según la siguiente estructura: ***Nombre+Esp_blanco+Apellido.***

	A	B
1	Dato	Pedro Almenar
2		
3	=LARGO(B1)	13
4	=ENCONTRAR(" ";B1)	6
5	=MID(B1;A4+1;A3-A4)	Almenar
6	=MID(B1;1;A4-1)	Pedro

INTRODUCCIÓN A CALC

TEMA 12: GRÁFICOS

ÍNDICE

- Terminología
- Ejemplos de gráficos
- Crear un gráfico
- Tipos de gráfico
- Rango de Datos
- Series de datos
- Elementos de gráficos
- Modificar elementos de un gráfico

TERMINOLOGÍA

- Los elementos básicos en un gráfico son:
  a) **RANGO DE DATOS**: Toda la información que es susceptible de aparecer en el gráfico.
  b) **SERIES DE DATOS**: Se corresponden con las filas (o columnas) del *Rango de datos* y representan una parte de la información de aquel.
  c) **NOMBRE**: Nombre asociado a cada *Serie de datos*. Y suele venir definido en las etiquetas de filas y columnas.

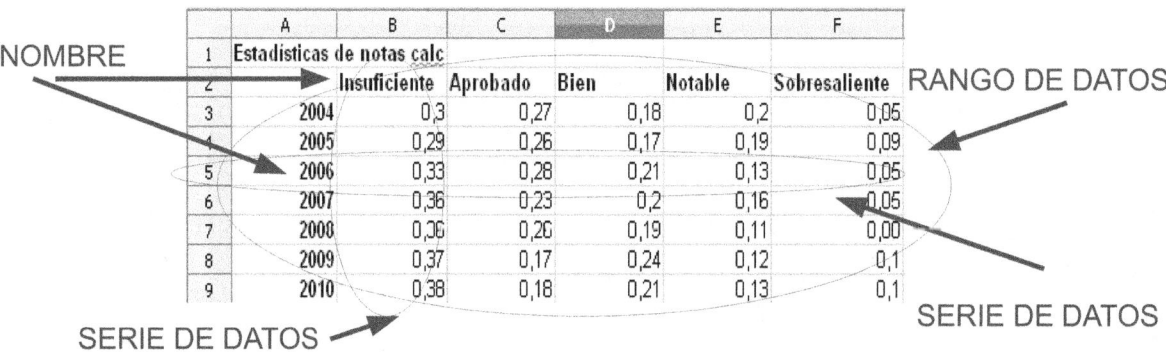

EJEMPLOS DE GRÁFICOS SEGÚN LOS DOS TIPOS DE SERIES

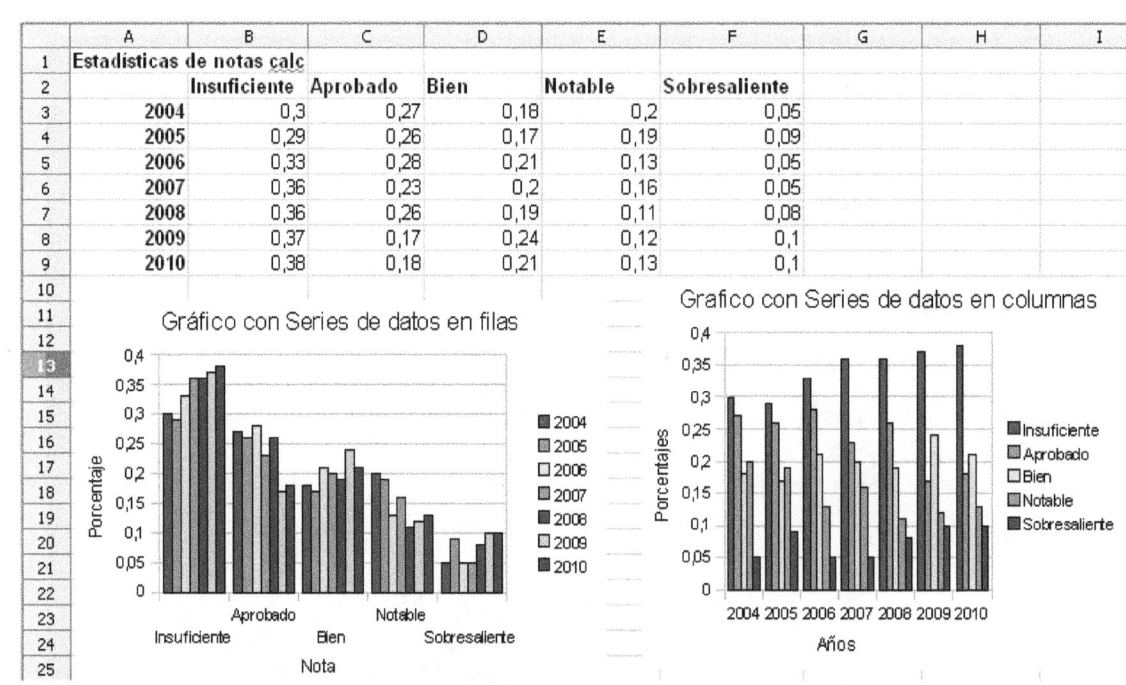

CREAR UN GRÁFICO

- La creación de un gráfico se realiza mediante un *Asistente*.
  - Las dos gráficas del ejemplo anterior se obtienen casi directamente con el asistente.
  - Obtener gráficas con alguna modificación requiere de un poco más de práctica.
- El *Asistente* muestra sucesivamente cuatro pantallas que se rellenarán con la información necesaria para formar el gráfico.
- Al mismo tiempo se abre el gráfico flotante, el cual se irá modificando según nuestras instrucciones.

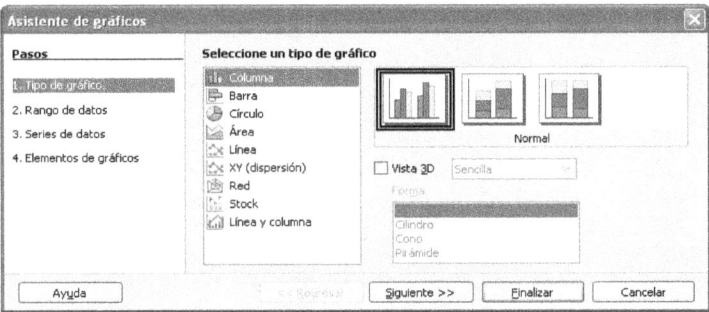

TIPOS DE GRÁFICO

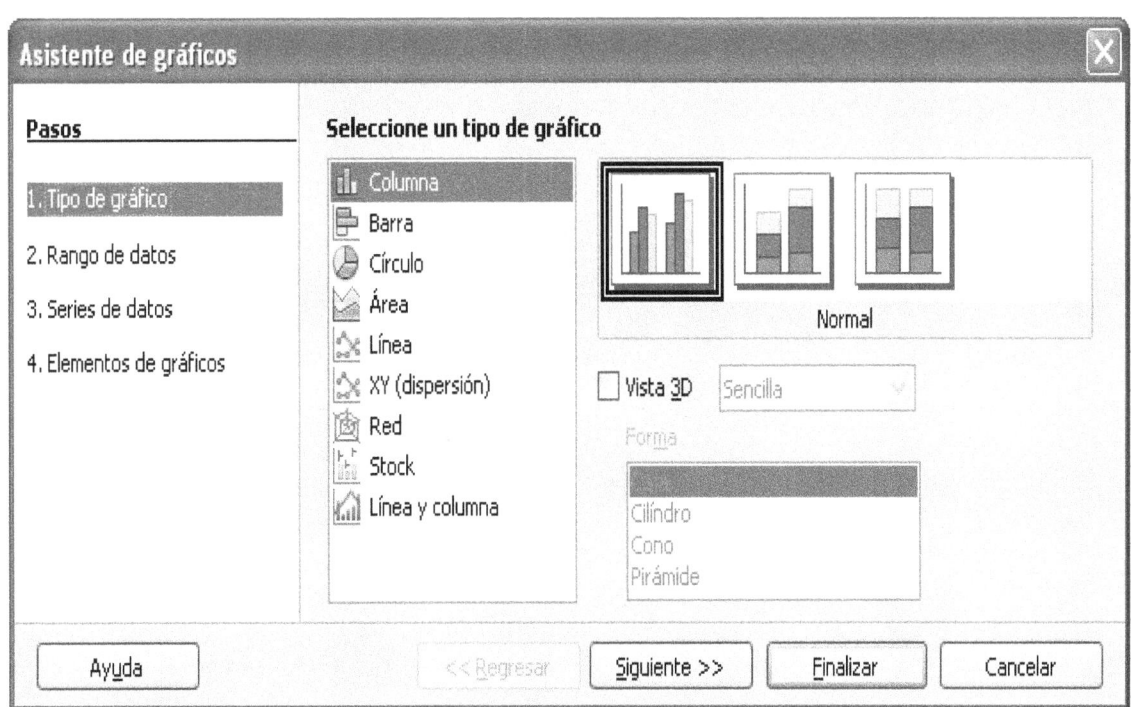

RANGO DE DATOS

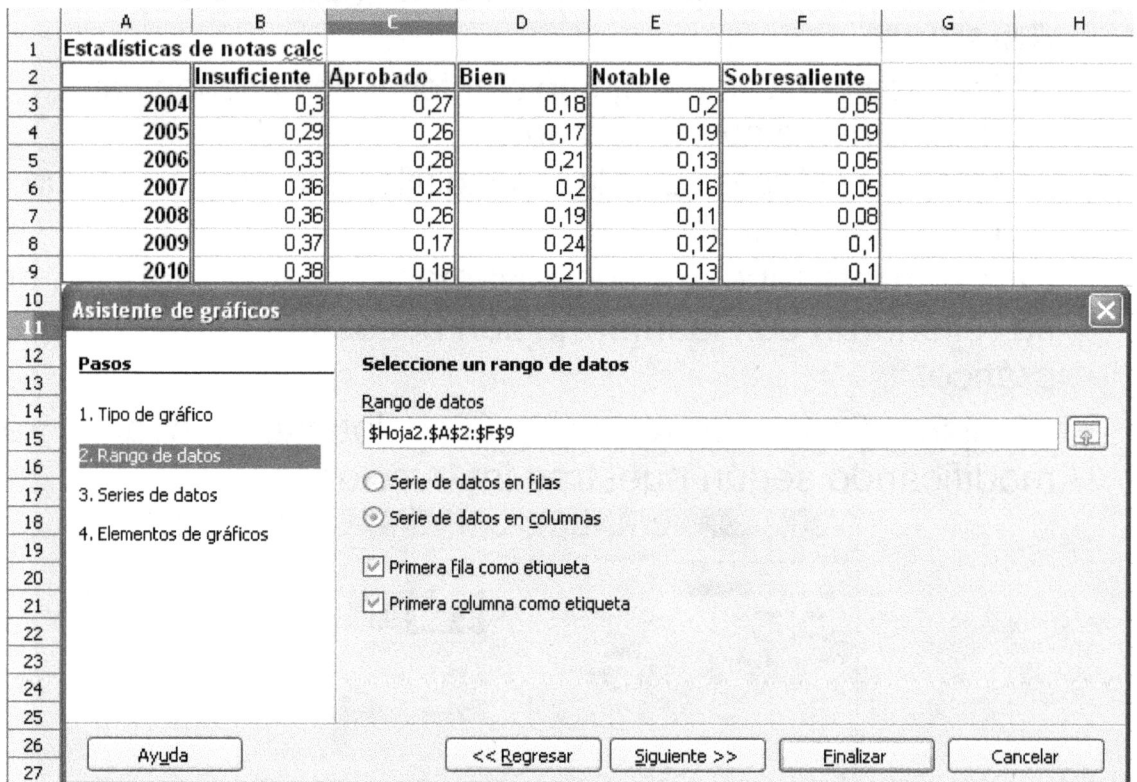

SERIES DE DATOS I

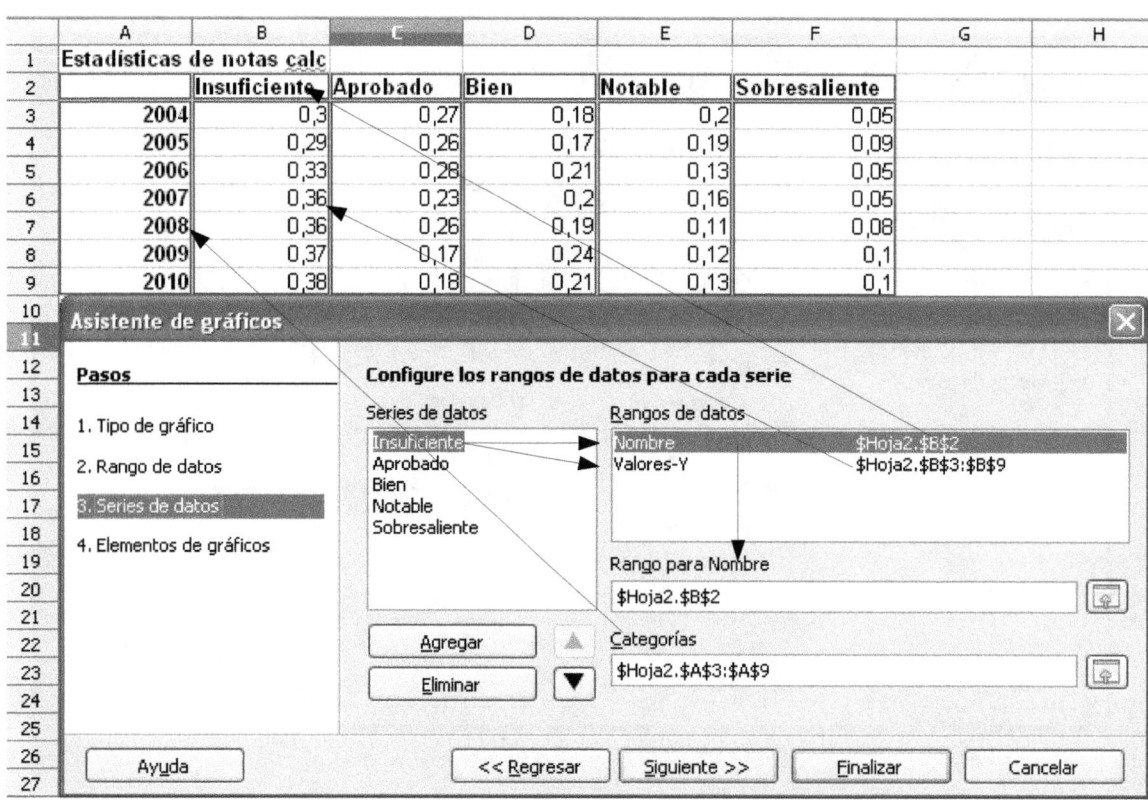

TEMA 12. Gráficos

SERIES DE DATOS II

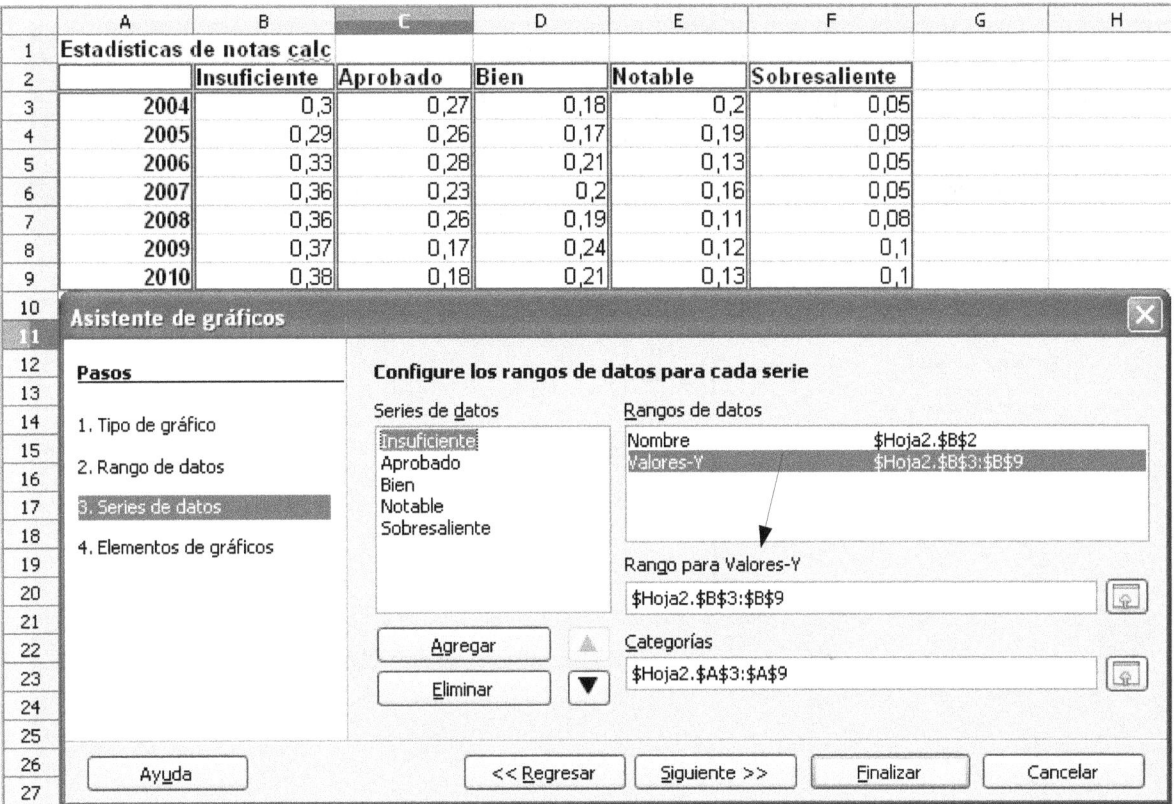

ELEMENTOS DE GRÁFICOS

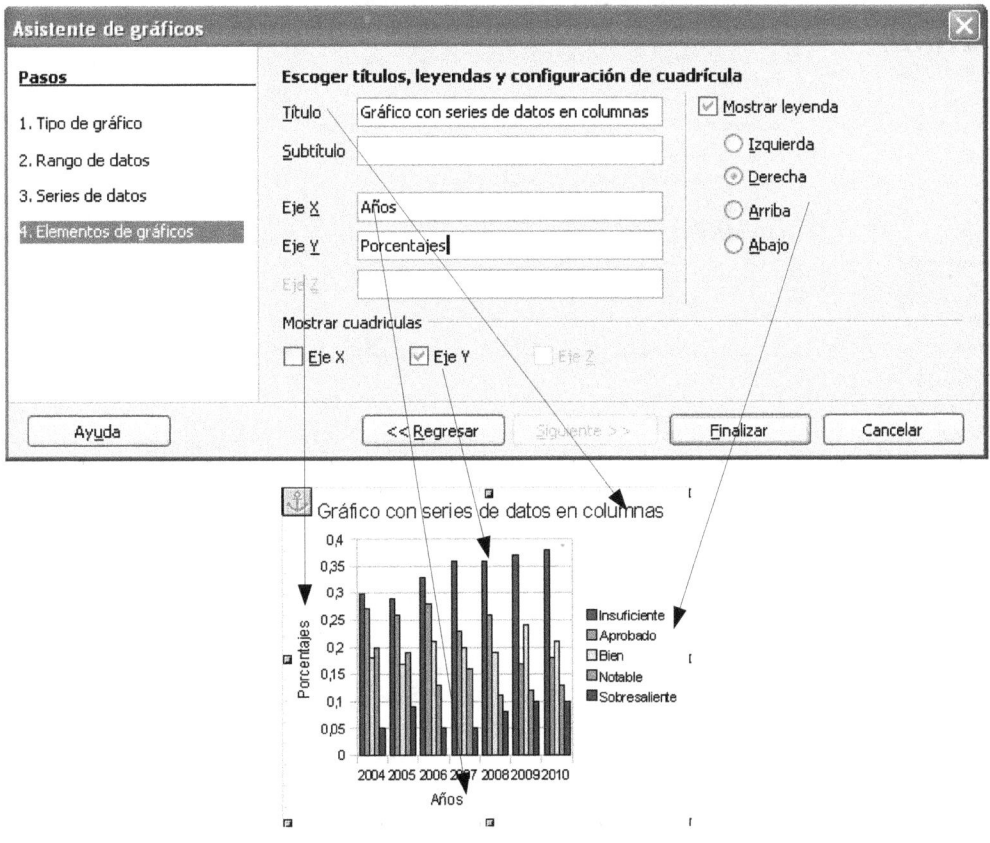

MODIFICAR ELEMENTOS DE UN GRÁFICO

- Para modificar un elemento del gráfico:
    1) Se hace doble click sobre el gráfico.
    2) Pinchamos con el botón derecho el elemento a modificar.
    3) Aparece el *Menú contextual* siguiente en el que elegir la opción deseada.

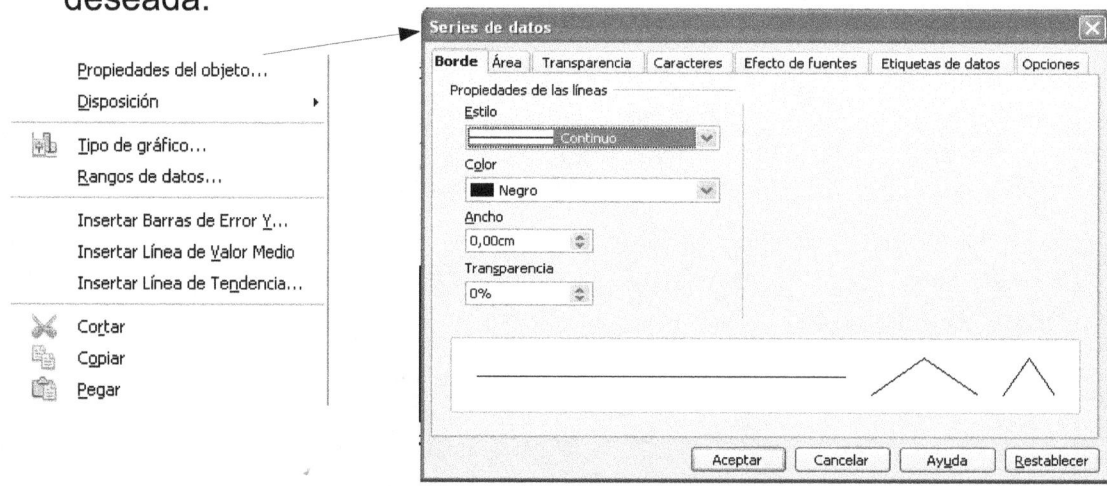

MODIFICAR ELEMENTOS DE UN GRÁFICO II

Otros elementos que se pueden modificar a partir del *Menú contextual.*

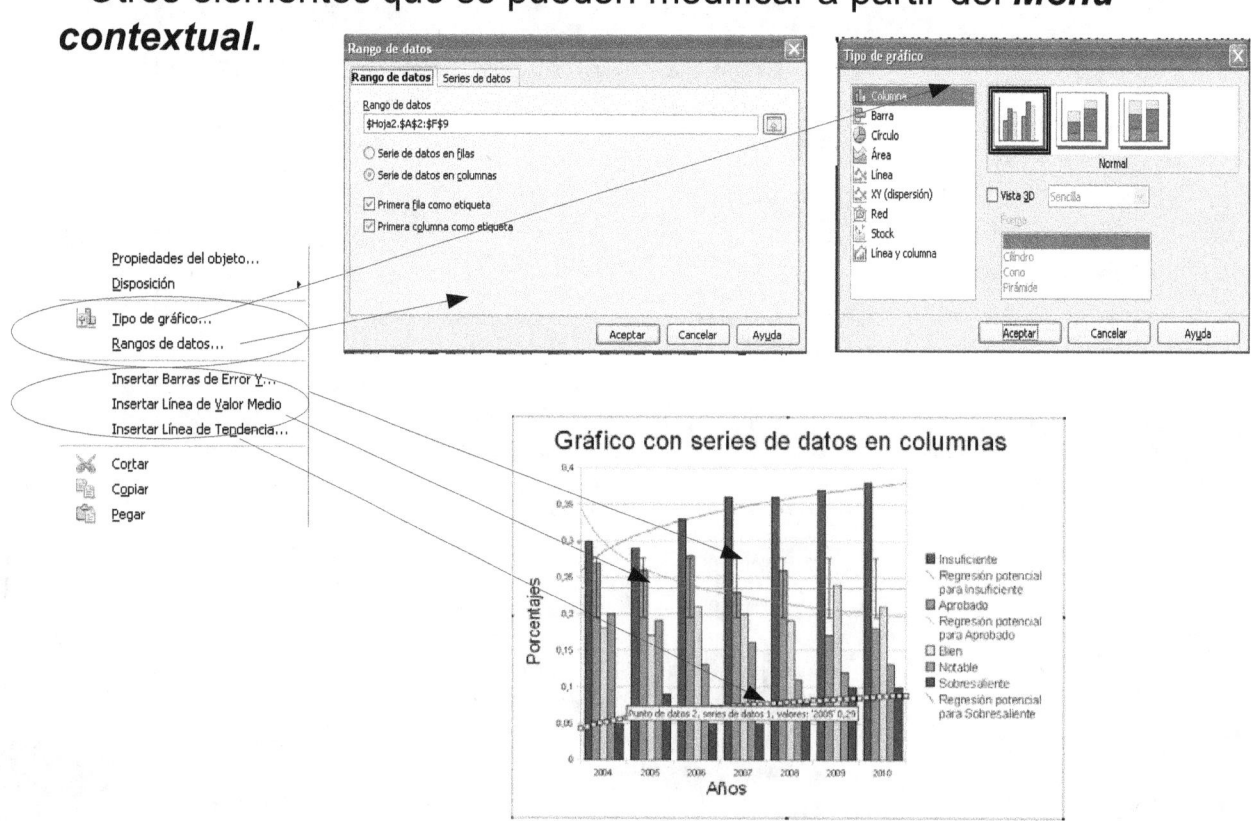

INTRODUCCIÓN A CALC

TEMA 13: ÁREAS DE DATOS

ÍNDICE

- Definir rango (o área) de datos
- Seleccionar rango de datos
- Ordenación rápida por una columna
- Ordenar por varias columnas
- Filtros de datos
  - Filtro automático
  - Filtro predeterminado
  - Filtro especial
- Subtotales
- Subtotales de subtotales
- Piloto de datos

DEFINIR RANGO DE DATOS I

- El paso previo a la realización de las opciones que veremos en los apartados siguientes (*Ordenación, Filtrado* o *Subtotales*), es el de *Definir el rango*:

    1) Se selecciona el rango que queremos definir.
        - Si no se selecciona, *Calc* considera el rango circundado por celdas en blanco respecto de la posición de la *Celda activa*.
    2) *Datos>Definir rango...*
    3) Se le asigna un *Nombre*.

- Es parecido a lo que se hacía en el *Tema 4* cuando se le daba un nombre a un rango de celdas, lo que permitía realizar operaciones sobre él.

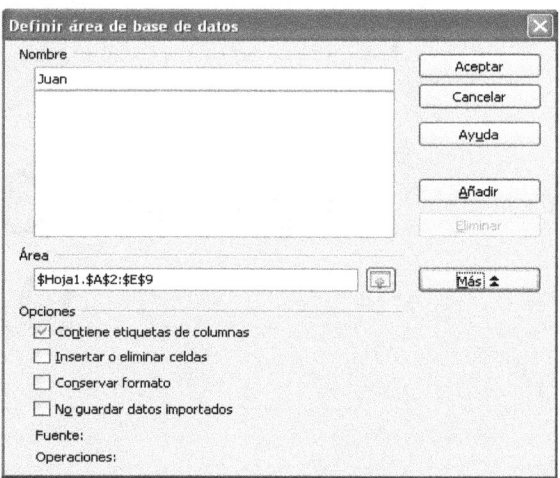

DEFINIR RANGO DE DATOS II

- Las *Opciones* que nos permite el cuadro de *Definir Rango* son las siguientes:

    a) Indica que el *Rango* seleccionado contiene las etiquetas de las columnas.
    b) Inserta automáticamente nuevas filas y columnas en el área de la base de datos del documento al agregar registros nuevos a la base de datos. Para actualizar manualmente el área de base de datos seleccione **Datos - Actualizar área**.
    c) Utiliza el formato de las etiquetas para todo el rango
    d) Guarda la referencia a la base de datos, pero no el dato.

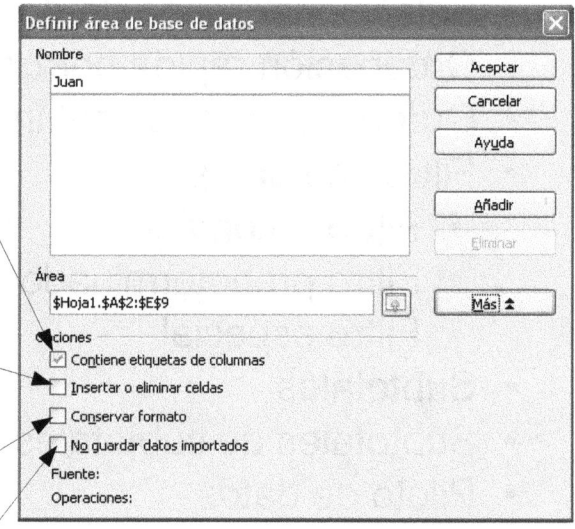

SELECCIONAR RANGO DE DATOS

- Una vez creado un *Rango de datos*, para seleccionarlo haremos lo siguiente:
    1) Accedemos a **Datos>Seleccionar rango...**
    2) Se pincha sobre el nombre del rango que queremos seleccionar.
    3) Aceptamos.

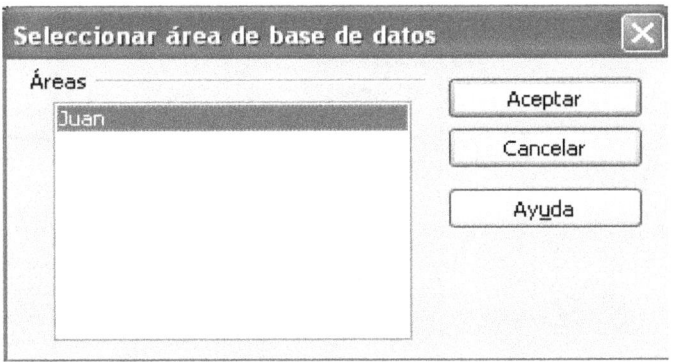

ORDENACIÓN RÁPIDA POR UNA COLUMNA

- Procedimiento:
    1) Se selecciona el área sobre la que realizaremos la ordenación.
    2) Se ordena mediante el botón de *Orden Ascendente* o el de *Orden descendente*.
- En el caso de que exista una fila (o columna) de *Enunciados*, esta ha de estar fuera de la selección antes de *Ordenar*.
    - Si no fuese así, al ordenar, los enunciados se mezclarían con los datos.

ORDENAR POR VARIAS COLUMNAS I

- Para ordenar por varias columnas:
    1) Se selecciona el *Rango de datos* sobre el que realizaremos la ordenación.
    2) **Datos>Ordenar...**
    3) Se seleccionan los *Criterios de orden*:
        - Se ordena inicialmente por una columna, y si coinciden los valores el criterio de selección será el de las siguientes columnas que se indiquen.

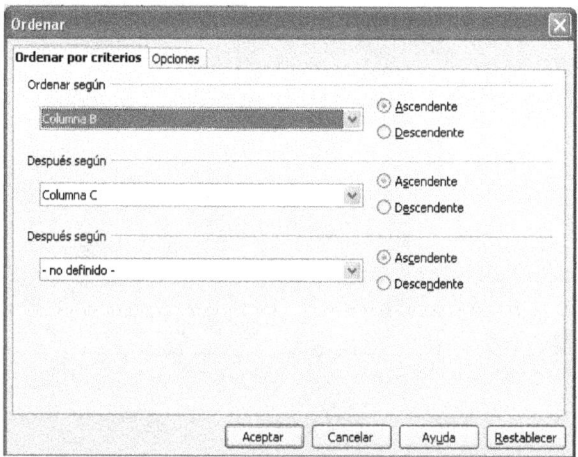

ORDENAR POR VARIAS COLUMNAS II
Opciones.

- Considera las letras Mayúsculas antes (más prioritarias) que de las minúsculas.
- Indica si el *Rango* seleccionado contiene etiquetas.
- Si las celdas tienen distintos formatos (por ej. colores) estos se mueven con los valores.
- La nueva configuración del *Rango* de celdas ordenado se pega en otro sitio.

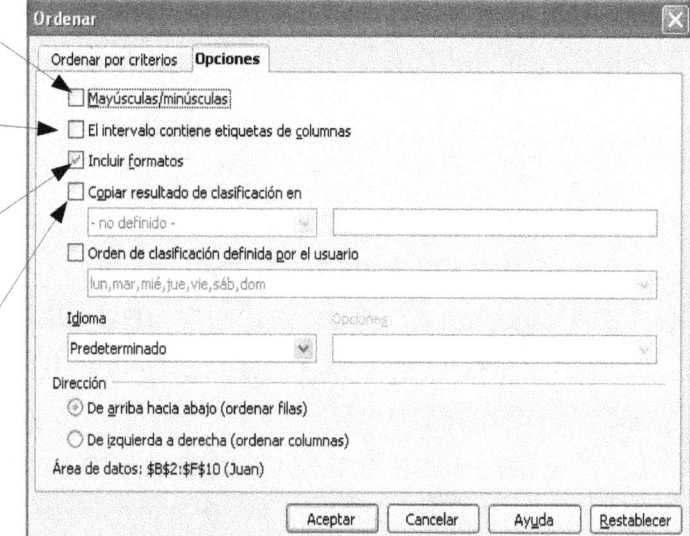

TEMA 13. Áreas de datos

FILTRO AUTOMÁTICO

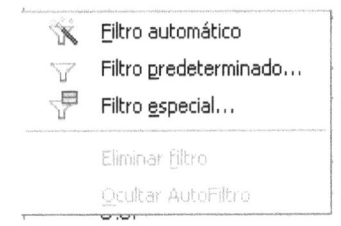

- Se accede al *Filtro automático* desde el menú **Datos>Filtro automático.**
  - Aparece una lista desplegable en la cabecera que permite elegir los datos que se quieren mostrar, además de las opciones: ***Todo, Los 10 primeros*** y ***Filtro predeterminado***.

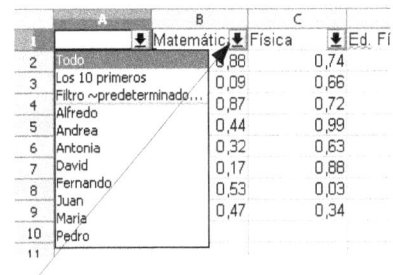

- En el *Filtro automático*:
  - Si aplicamos varios criterios (en varias columnas), la tabla sólo mostrará aquellos que cumplen todos los criterios seleccionados.
  - Las flechas del filtro se muestran en Azul cuando han sido modificadas.

FILTRO PREDETERMINADO

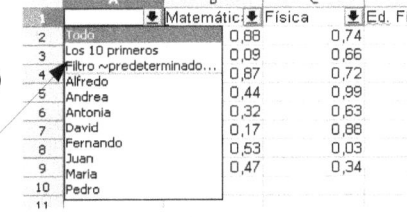

- Se accede desde:
  a) **Datos>Filtro>Filtro predeterminado**
  b) El desplegable del *Filtro automático*.

- El *Filtro predeterminado*:
  a) Utiliza operadores lógicos para enlazar criterios de filtrado.
  b) Permite utilizar diferentes operadores: =, >, el mayor %(el valor más frecuente), etc.

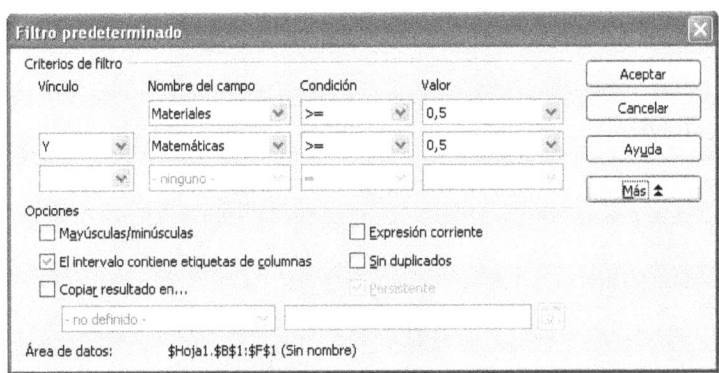

FILTRO ESPECIAL I

- Permite emplear condiciones más sofisticadas que el anterior.
- Pasos a seguir:
    1) Escoge un rango de celdas vacío, duplica en él los encabezados e introduce los criterios del filtro debajo de estos: **Tabla de condiciones**.
    2) Selecciona el rango sobre el que realizar el filtrado.
        - Incluyendo las etiquetas.
    3) <u>D</u>atos><u>F</u>iltro>Filtro <u>e</u>special....
        - El área de condiciones incluye las etiquetas.
    8) Aparece una nueva tabla que contiene las filas que cumplen alguna de las condiciones de la **Tabla de condiciones**.
- En la **Tabla de Condiciones**:
    - El criterio de cada celda de fila se conecta con un Y lógico, y los de filas diferentes con un O lógico.
        - Es decir, los criterios que se indiquen en una fila se deberán de cumplir todos para que dicho registro se considere que cumple con las condiciones.
        - Las condiciones que se pueden cumplir se indican por filas. Por tanto, si un registro cumple con las condiciones indicadas en cualquiera de las filas, aparecerá tras realizar el filtrado.

FILTRO ESPECIAL II
Ejemplo

- Inicialmente se ha creado una tabla de apoyo con los aprobados (1) y los suspensos (0)
- A continuación se muestra la **Tabla de CONDICIONES** y la **Tabla de RESULTADOS**. En esta última, Andrea no aparece ya que no cumple con los criterios definidos.

	Matemáticas	Física	Ed. Física	Lengua	Materiales		Matemáticas	Física	Ed. Física	Lengua	Materiales
Juan	8,77	7,4	1,99	8,55	7,51	Juan	1	1	0	1	
Pedro	0,88	6,61	7,05	2,41	2,67	Pedro	0	1	1	0	
Antonia	8,74	7,2	5,08	6,96	3,71	Antonia	1	1	1	1	
Alfredo	4,44	9,95	3,4	8,92	2,48	Alfredo	0	1	0	1	
Maria	3,21	6,29	7,57	8,27	9,3	Maria	0	1	1	1	
Fernando	1,67	8,76	8,1	3,65	5,07	Fernando	0	1	1	0	
Andrea	5,27	0,32	6,02	7,87	5,9	Andrea	1	0	1	1	
David	4,74	3,39	4,97	3,66	4,27	David	0	0	0	0	

CONDICIONES:					
	Matemáticas	Física	Ed. Física	Lengua	Materiales
	1	1			
	0				

RESULTADO:					
	Matemáticas	Física	Ed. Física	Lengua	Materiales
Juan	1	1	0	1	
Pedro	0	1	1	0	0
Antonia	1	1	1	1	0
Alfredo	0	1	0	1	
Maria	0	1	1	1	1
Fernando	0	1	1	0	1
David	0	0	0	0	0

TEMA 13. Áreas de datos

SUBTOTALES

- Proceso de ordenación de tablas con subtotales:
    1) Se copia la tabla en otra **Hoja** diferente (por seguridad).
    2) Se selecciona toda la tabla (enunciados incluidos).
    3) Se selecciona la opción **Datos>Subtotales.**
    4) El campo **Agrupar por** permite seleccionar el elemento sobre el que se realizarán las agrupaciones.
    5) Mediante **Calcular subtotales para**, se seleccionan las columnas sobre las que se realizará el cálculo para cada subtotal.
        - De forma que, de todos los valores de la tabla sólo se calcularán los subtotales de aquellos elementos marcados.
    6) El cálculo a aplicar sobre dichos subtotales se seleccionará de la casilla **Usar función**.
- En el siguiente ejemplo se agrupa por **Tipo** (*Ingreso* o *Gasto*), mientras que la **Operación** a realizar es la *Suma* de los *Importes*.

SUBTOTALES.
Planteamiento

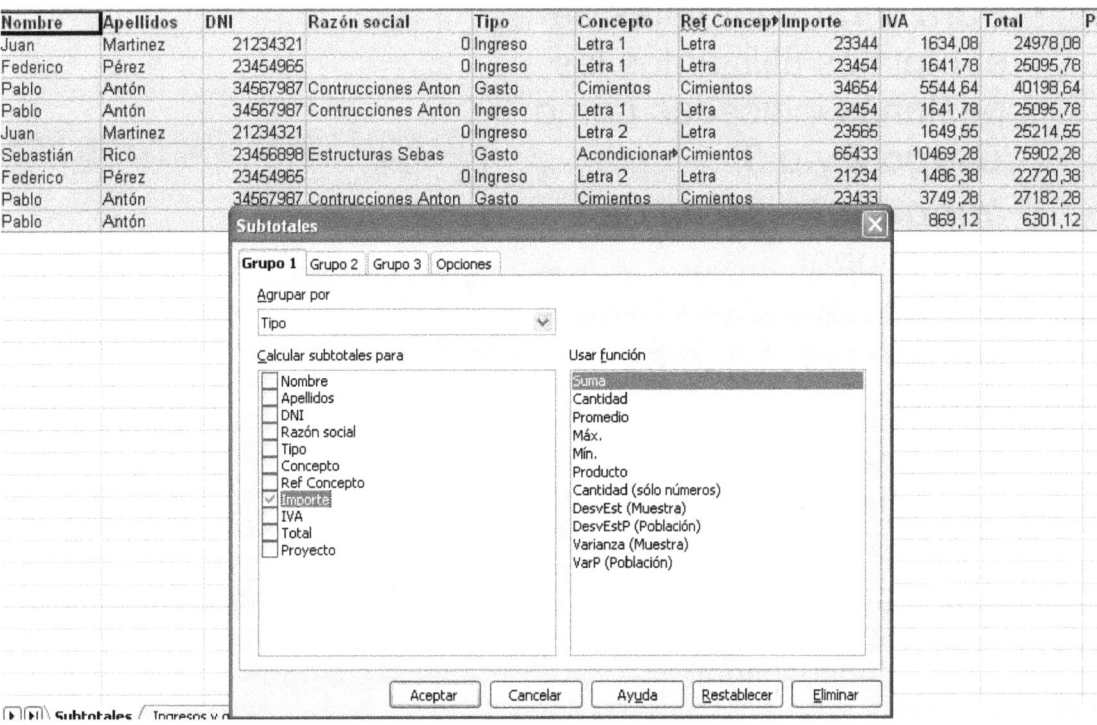

Introducción a Calc. Manual visual de la Hoja de Cálculo de Open Office

SUBTOTALES
Resultado

1 2 3		A	B	C	D	E	F	G	H	I	J
	1	Nombre	Apellidos	DNI	Razón social	Tipo	Concepto	Ref Concept	Importe	IVA	Total
	2	Sebastián	Rico	23456898	Estructuras Sebas	Gasto	Acondicionar	Cimientos	65433	10469,28	75902,
	3	Pablo	Antón	34567987	Contrucciones Anton	Gasto	Cimientos	Cimientos	23433	3749,28	27182,
	4	Pablo	Antón	34567987	Contrucciones Anton	Gasto	Materiales	Materiales	5432	869,12	6301,
	5	Pablo	Antón	34567987	Contrucciones Anton	Gasto	Cimientos	Cimientos	34654	5544,64	40198,
	6					Gasto Suma			128952		
	7	Federico	Pérez	23454965		0 Ingreso	Letra 1	Letra	23454	1641,78	25095,
	8	Juan	Martinez	21234321		0 Ingreso	Letra 1	Letra	23344	1634,08	24978,
	9	Federico	Pérez	23454965		0 Ingreso	Letra 2	Letra	21234	1486,38	22720,
	10	Juan	Martinez	21234321		0 Ingreso	Letra 2	Letra	23565	1649,55	25214,
	11	Pablo	Antón	34567987	Contrucciones Anton	Ingreso	Letra 1	Letra	23454	1641,78	25095,
	12					Ingreso Suma			115051		
	13					Total			244003		

SUBTOTALES DE SUBTOTALES

- Para crear subtotales de subtotales utilizamos las pestañas indicadas como **Grupo 2** y/o **3**.
- **Importante**: Se ha de seleccionar cuidadosamente el área cuando las etiquetas ocupan más de una fila.
- Opciones:
    - La opción **Ordenar primero el área por grupos** ha de estar seleccionada habitualmente.

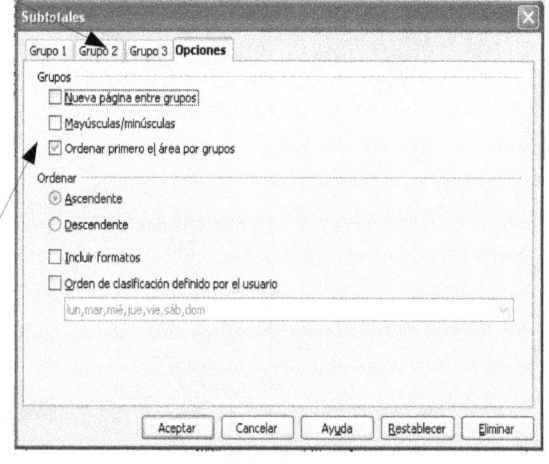

TEMA 13. Áreas de datos

SUBTOTALES DE SUBTOTALES
Ejemplo

Nombre	Apellidos	DNI	Razón social	Tipo	Concepto	Ref Concep	Importe	IVA	Total	Proyecto
Sebastián	Rico	23456898	Estructuras Sebas	Gasto	Acondicionar	Cimientos	65433	10469,28	75902,28	
					Acondicionamiento Resu		*65433*	*10469,28*	*75902,28*	
Pablo	Antón	34567987	Contrucciones Antón	Gasto	Cimientos	Cimientos	34654	5544,64	40198,64	
Pablo	Antón	34567987	Contrucciones Antón	Gasto	Cimientos	Cimientos	23433	3749,28	27182,28	
					Cimientos Resultado		*58087*	*9293,92*	*67380,92*	
Pablo	Antón	34567987	Contrucciones Antón	Gasto	Materiales	Materiales	5432	869,12	6301,12	
					Materiales Resultado		*5432*	*869,12*	*6301,12*	
					Gasto Suma		128952			
Pablo	Antón	34567987	Contrucciones Antón	Ingreso	Letra 1	Letra	23454	1641,78	25095,78	
Juan	Martinez	21234321		0 Ingreso	Letra 1	Letra	23344	1634,08	24978,08	
Federico	Pérez	23454965		0 Ingreso	Letra 1	Letra	23454	1641,78	25095,78	
					Letra 1 Resultado		*70252*	*4917,64*	*75169,64*	
Juan	Martinez	21234321		0 Ingreso	Letra 2	Letra	23565	1649,55	25214,55	
Federico	Pérez	23454965		0 Ingreso	Letra 2	Letra	21234	1486,38	22720,38	
					Letra 2 Resultado		*44799*	*3135,93*	*47934,93*	
					Ingreso Suma		115051			
					Total		244003			

PILOTO DE DATOS I

- Los **Pilotos de datos** permiten resumir y analizar de forma sencilla, los datos de una lista:
  1) Se selecciona el **Rango de datos**.
  2) Se accede a la opción **D̲atos>P̲iloto de datos>I̲nicio...**, la cual activa el **Asistente**.
     - En el **Asistente**, se arrastran a cada área los campos que queramos que aparezcan en ella.
  3) La **Tabla** se confeccionará automáticamente.
     - Por defecto los datos agrupados se sumarán, aunque esta posibilidad se puede modificar en **Opcione̲s...**
       - De hecho en el **Ejemplo 1** se obtendrá el *Promedio*.
     - Es posible agrupar los datos por dos variables.
       - En el caso del siguiente ejemplo (**Ejemplo 2**) se agrupará por *Producto* y *Acción*.
     - Existen varias posibilidades dentro del campo **Opciones**: Ordenar, filtro, etc.

Introducción a Calc. Manual visual de la Hoja de Cálculo de Open Office

PILOTO DE DATOS I
Ejemplo 1

- Objetivo: Utilizar el **Piloto de datos** para obtener la media de las notas de cada uno de los grupos (*Grupo 1* y *Grupo 2*) en las asignaturas de Matemáticas y Física.
- La siguiente tabla representa las notas de 12 alumnos de dos grupos diferentes.

	Grupo	Matemática	Física	Ed. Física	Lengua	Materiales	Física	Tecnología
Juan	1	7,05	2,41	1,99	8,55	7,51	0,88	0,88
Pedro	2	5,08	6,96	7,05	2,41	2,67	8,74	8,74
Antonia	1	8,74	7,2	5,08	6,96	3,71	4,44	4,44
Alfredo	1	4,44	9,95	3,4	8,92	2,48	3,21	3,21
María	2	3,21	6,29	7,57	8,27	9,3	6,96	0,32
Fernando	1	1,67	8,76	8,1	3,65	5,07	6,29	2,41
Andrea	2	5,27	0,32	6,02	7,87	5,9	8,76	6,96
David	2	4,74	3,39	4,97	3,66	4,27	0,32	8,92
Andrés	1	7,2	5,00	3,21	3,21	4,44	5,08	6,96
Federico	1	0,88	6,61	6,96	0,32	3,21	3,4	8,92
Ángela	2	0,88	6,61	6,29	2,41	6,96	7,57	8,27
Paula	2	8,74	7,2	8,76	6,96	6,29	8,1	3,65

PILOTO DE DATOS II
Ejemplo 1

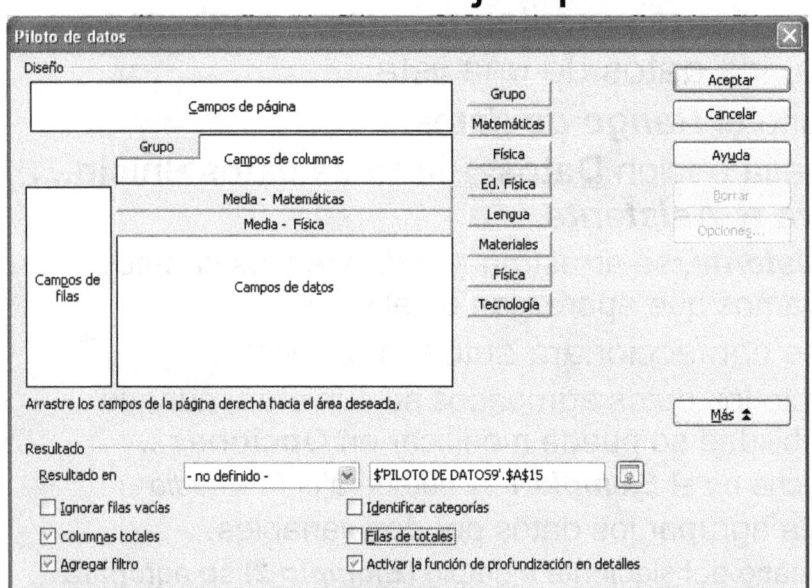

	Grupo		
Datos	1	2	Total Resultado
Promedio - Matemáticas	5	4,65	4,82
Promedio - Física	6,67	5,13	5,9

PILOTO DE DATOS IV
Ejemplo 2

- La utilidad del **Piloto de datos** se maximiza cuando existen una serie de datos con características comunes (*Producto*, *Cliente*) que se pueden agrupar (Total productos por cliente, Total compras por cliente, total de todos los clientes, etc.).

FECHA	CLIENTE	TIPO CLIENTE	PRODUCTO	UNIDADES	IMPORTE	TOTAL	ACCIÓN
01/07/09	F1	Minorista	Tirafondos	2	0,15	0,3	compra
01/07/09	F2	Mayorista	Tornillo	21	0,23	4,83	compra
01/07/09	F4	Minorista	Tuerca	12	0,25	3	compra
01/07/09	F3	Mayorista	Clavo	-5	0,09	-0,45	devolución
01/07/09	F1	Minorista	Tirafondos	26	0,15	3,9	compra
01/07/09	F2	Mayorista	Tornillo	30	0,23	6,9	compra
01/07/09	F3	Mayorista	Clavo	30	0,09	2,7	compra
01/07/09	F4	Minorista	Tirafondos	27	0,15	4,05	compra
02/07/09	F3	Mayorista	Tornillo	9	0,23	2,07	compra
02/07/09	F2	Mayorista	Tuerca	-9	0,25	-2,25	devolución

PILOTO DE DATOS V
Ejemplo 2. Repaso

- Para realizar la tabla del Ejemplo 2 se han utilizado:

a) Las funciones de búsqueda **ÍNDICE** y **COINCIDIR** para crear las columnas *Tipo de cliente* e *Importe*.
  - *IMPORTE*:
    - =ÍNDICE(Precios.A$2:B$5;COINCIDIR(D2;Precios.A$2:A$5;0);2)
  - *ACCIÓN*:
    - =SI(E2>=0;"compra";"devolución")

b) La función condicional **SI** para la columna *Acción*.
  - *TIPO DE CLIENTE*:
    - =ÍNDICE('CLIENTES FERRERO'.A$22:F$25; COINCIDIR(B2;'CLIENTES FERRERO'.F$22:F$26;0);5)

PILOTO DE DATOS VI
Ejemplo 2. Obtener el número de productos adquiridos-devueltos para cada cliente.

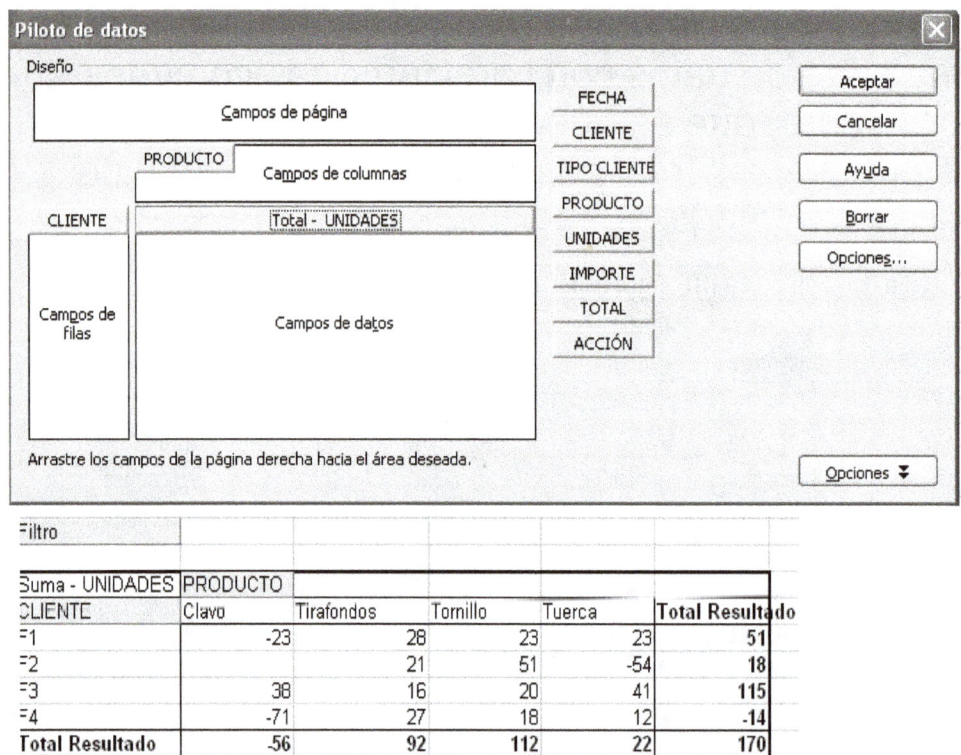

Suma - UNIDADES	PRODUCTO				
CLIENTE	Clavo	Tirafondos	Tornillo	Tuerca	Total Resultado
F1	-23	28	23	23	51
F2		21	51	-54	18
F3	38	16	20	41	115
F4	-71	27	18	12	-14
Total Resultado	-56	92	112	22	170

PILOTO DE DATOS VII
Ejemplo 2. Obtener el número de productos adquiridos y devueltos para cada cliente.

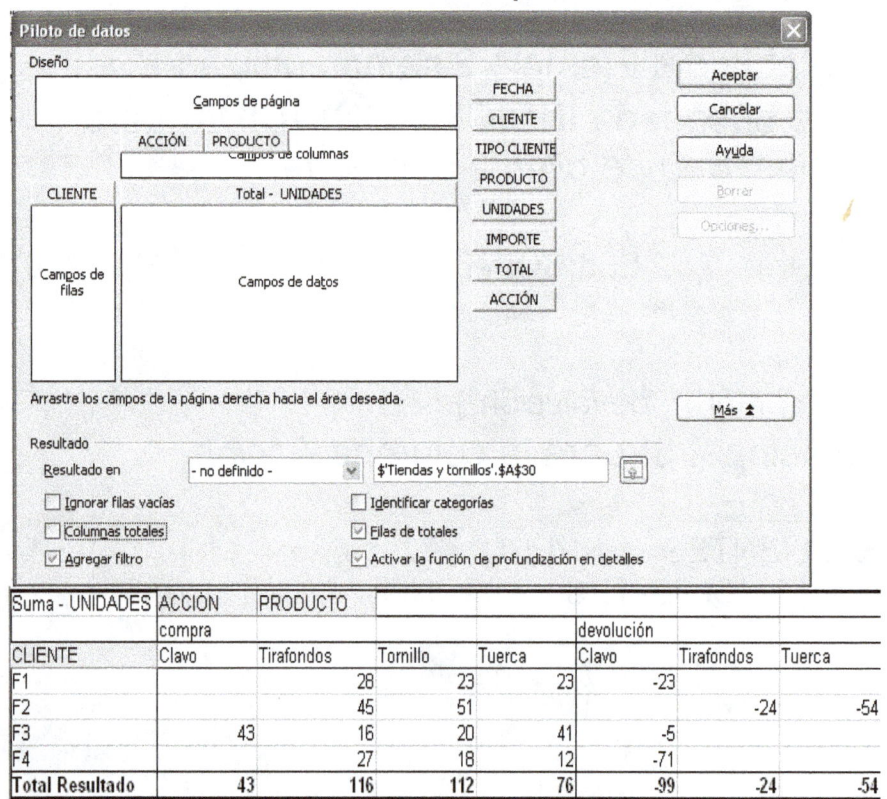

Suma - UNIDADES	ACCIÓN	PRODUCTO						
	compra				devolución			
CLIENTE	Clavo	Tirafondos	Tornillo	Tuerca	Clavo	Tirafondos	Tuerca	
F1		28	23	23	-23			
F2		45	51			-24	-54	
F3	43	16	20	41	-5			
F4		27	18	12	-71			
Total Resultado	43	116	112	76	-99	-24	-54	

TEMA 13. Áreas de datos

PILOTO DE DATOS VIII
Ejemplo 2

- El orden en el que situamos los **Campos** Producto y Acción determina un tipo diferente de gráfica.
  - Ya que no es lo mismo mostrar las Acciones por Producto, que los Productos por tipo de Acción.

Suma - UNIDADES	ACCIÓN	PRODUCTO					
	compra				devolución		
CLIENTE	Clavo	Tirafondos	Tornillo	Tuerca	Clavo	Tirafondos	Tuerca
F1		28	23	23	-23		
F2		45	51			-24	-54
F3	43	16	20	41	-5		
F4		27	18	12	-71		
Total Resultado	43	116	112	76	-99	-24	-54

Suma - UNIDADES	PRODUCTO	ACCIÓN						
	Clavo		Tirafondos		Tornillo		Tuerca	
CLIENTE	compra	devolución	compra	devolución	compra	compra	devolución	
F1		-23	28		23	23		
F2			45	-24	51		-54	
F3	43	-5	16		20	41		
F4		-71	27		18	12		
Total Resultado	43	-99	116	-24	112	76	-54	

PILOTO DE DATOS IX
Ejemplo 2. Cuadro de opciones.

- Existe un cuadro de opciones de ordenación/ocultación para cada uno de los elementos seleccionados para la tabla.
- Se accede desde el botón **Datos>Piloto de Datos>Opciones...**, que se activa cuando pinchamos sobre cada uno de ellos.

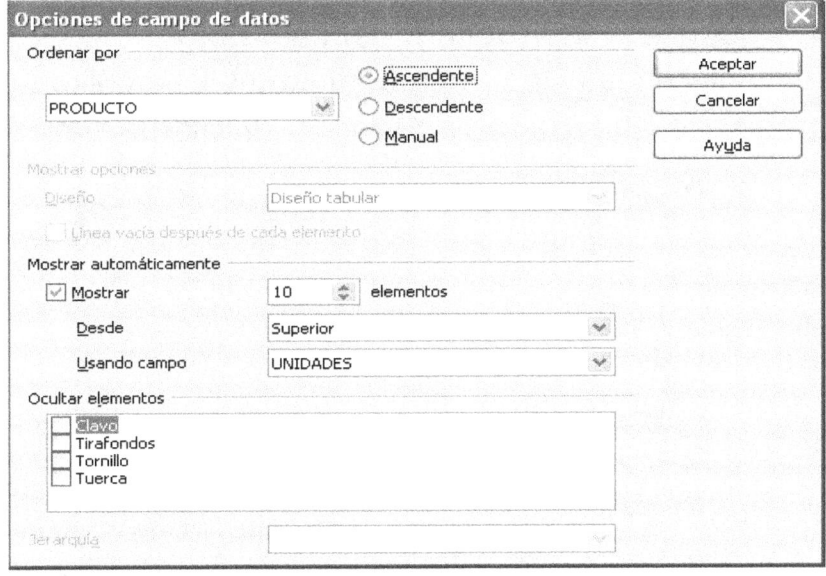

Introducción a Calc. Manual visual de la Hoja de Cálculo de Open Office

PILOTO DE DATOS.X
Ejemplo 2. Filtro.

- También se pueden definir criterios de filtrado para los elementos seleccionados en la tabla.
- Para definirlos, se accede a cada uno de ellos:
    a) Desde el *Menú contextual*>Filtro....
    b) Al hacer doble click sobre la casilla *Filtro*.

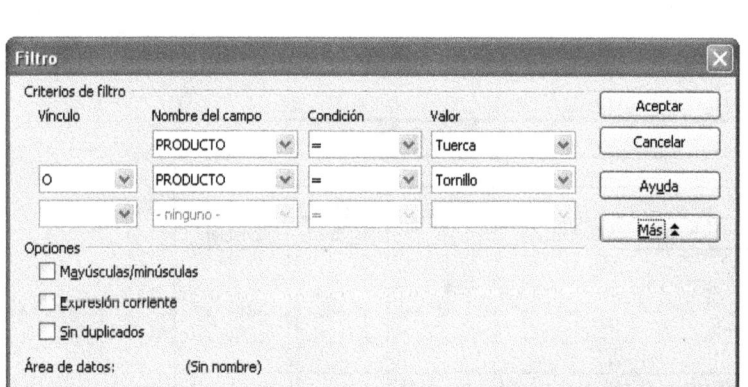
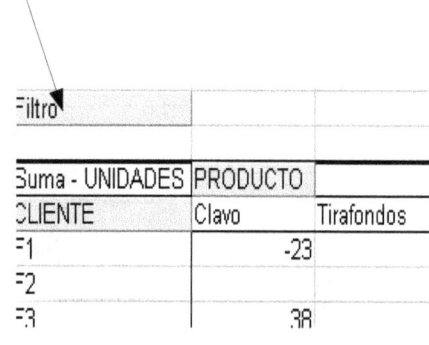

CONSOLIDAR

- Permite unir (sumar, promediar, ...) dos tablas que contengan la misma estructura.
- El procedimiento es el siguiente:
    1) Se accede desde el menú **Datos>Consolidar.**
    2) Mediante el botón **Añadir** se añaden los intervalos (o tablas) a consolidar.
    3) Se introduce la **Instrucción del cálculo.**
    4) Se modifican las **Opciones** pertinentes y se pulsa Aceptar.
- Es importante que las tablas tengan la misma estructura.

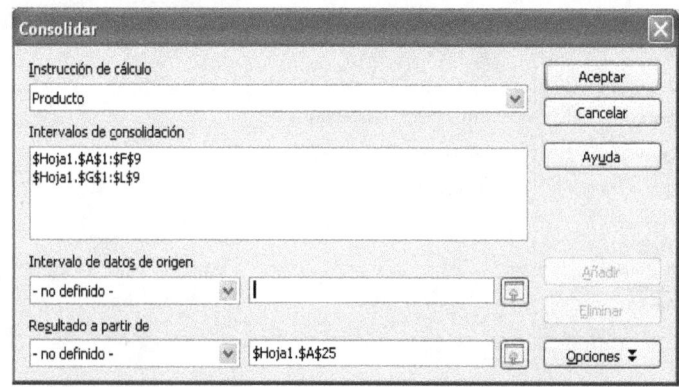

INTRODUCCIÓN A CALC

TEMA 14: HERRAMIENTAS DE ANÁLISIS DE DATOS

ÍNDICE

- Buscar objetivo
- Escenarios
- Modificar escenarios
- Optimización con Solver

BUSCAR OBJETIVO I

- Cuando una fución no permite despejar la incógnita de forma sencilla, es posible obtener el resultado mediante el método de "prueba y error".
- Calc permite resolver este tipo de problemas aun cuando la fórmula sea muy compleja, ya que este programa realiza el proceso de "prueba y error" de forma automática. Para ello:
  1) Seleccionar la casilla donde se encuentra el valor con el que "probar".
     - Aplicamos ,sobre la casilla seleccionada, la opción de **Herramientas>Búsqueda del valor destino....**
       - Es importante que esta casilla no contenga ninguna fórmula.
  2) Calc muestra en dicha casilla el resultado del proceso iterativo.
- No todos los problemas tienen solución, por lo que es probable que en algún caso el problema no la tenga.
- Veamos un ejemplo en la siguiente transparencia.

BUSCAR OBJETIVO II
Ejemplo

- La **Tabla** del ejemplo tiene el objetivo de calcular la **Nota Final** de un conjunto de alumnos a partir de un conjunto de **Tareas** (examen, actividades, etc.)
- Cada **Tarea** tiene una **Ponderación** (en porcentaje), la cual aparece en la parte superior de esta.
  - La **Nota Final** se obtiene de sumar el resultado de los productos de la nota de cada **Tarea** por la del valor de su **Ponderación**.
- El alumno se plantea: ¿Qué nota he de obtener en el apartado de **Ejercicios** para obtener un **5** en la **Nota final?**.
  - Como se puede ver, inicialmente la **Nota final** es de 3,7, ya que considera que la nota de la casilla **Ejercicios** es 0 (ya que está en blanco).
  - El el último recuadro, el resultado de **Buscar objetivo** muestra que el alumno debería de sacar un 8,67 en dicho apartado para obtener un 5 en la **Nota final**.

BUSCAR OBJETIVO III
Ejemplo

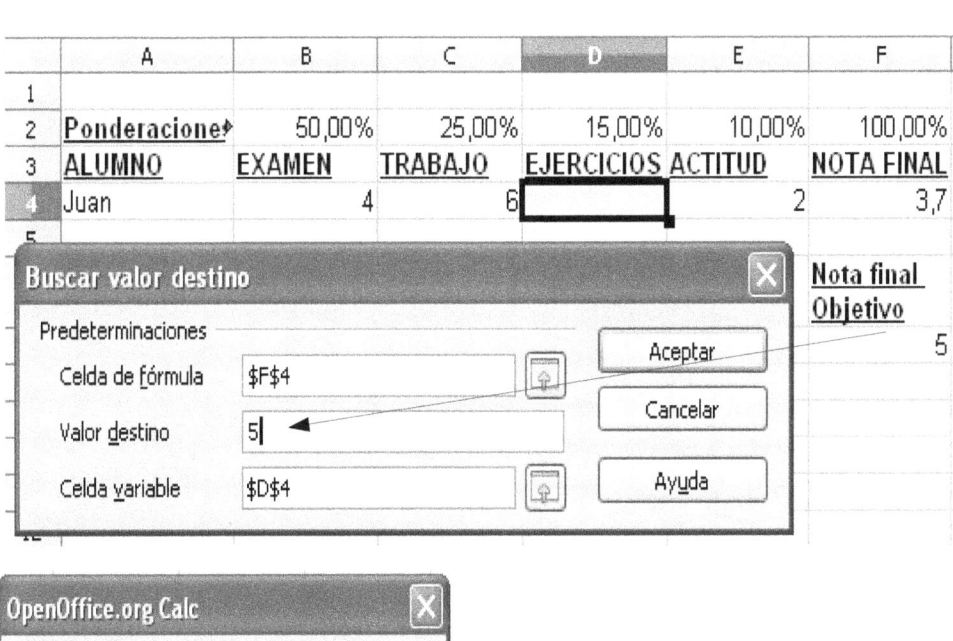

ESCENARIOS I

- Es habitual definir un problema y querer conocer cual sería el comportamiento de dicho problema si modificamos ciertas variables (condiciones iniciales).
- Para crear los diferentes *Escenarios* seguimos el siguiente procedimiento:
    1) Seleccionamos (con la tecla *Ctrl*) las casillas que se modificarán en cada escenario, escribiendo previamente en ellas los valores para el primer escenario.
    2) Seleccionamos la opción **Herramientas>Escenarios...**
    3) Aceptamos habiendo marcado: **Copiar reverso.**
    4) Modificamos los datos de las casillas con los valores para el siguiente escenario.
    5) Repetimos el proceso desde el punto 2.
- También podemos seleccionar otras opciones tal y como se muestra en la hoja siguiente.

ESCENARIOS II

- Nombre del escenario
- Muestra el borde gris sobre las celdas que se modifican con cada escenario.
- Permite modificar los datos del escenario introduciendo los nuevos valores sobre sus celdas.
- Hace una copia del resultado en otra Hoja.
- Evita que se puedan modificar los valores del escenario cuando la hoja está protegida.

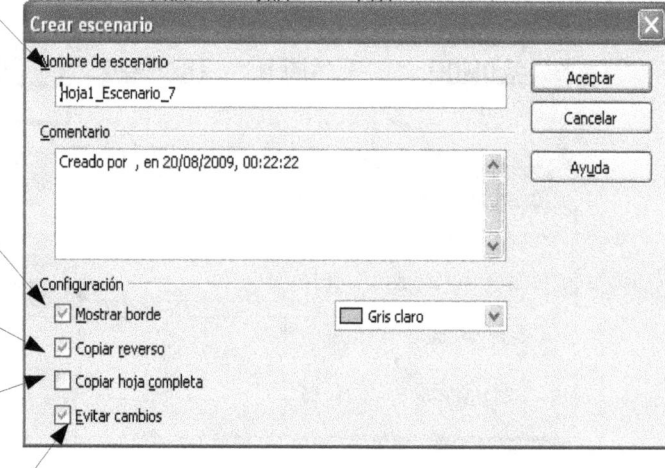

TEMA 14. Herramientas de análisis de datos

ESCENARIOS III
Ejemplo

- En el siguiente ejemplo se plantea una **Hoja de cálculo** con las notas de los alumnos ponderadas según seis posibilidades.
  - Cada posibilidad (***Escenario***) se define previamente, de forma que, para cada combinación de ponderaciones, hay unos porcentajes de notas (resultados) diferentes.
  - De forma que, al conocer los resultados de los diferentes ***Escenarios***, podemos seleccionar aquella combinación (***Escenario***) en la que más alumnos aprueben, existan más sobresalientes, etc.
- La ***Nota Final*** se calcula multiplicando la nota de cada apartado por su ponderación:
  - =B4*B$2+C4*C$2+D4*D$2+E4*E$2
- El número de alumnos por agrupación (*suspenso, suficiente, bien,....*) se realiza mediante la función **FRECUENCIA**.
  - =FRECUENCIA(F4:F18;J11:J15)

ESCENARIOS
Ejemplo

	A	B	C	D	E	F	G	H	I	J
1		Hoja1_Escenario_3								
2	Ponderaciones	40,00%	30,00%	20,00%	10,00%	100,00%				
3	ALUMNO	EXAMEN	TRABAJO	EJERCICIOS	ACTITUD	NOTA FINAL				
4	Juan	9,58	0,7	5,05	4,95	5,55				
5	Andrea	9,42	9,07	6,5	5,27	8,32				
6	Antonia	2,43	5,27	1,46	7,03	3,55				
7	Felipe	4,92	7,17	8,91	6,28	6,53				
8	Marcial	8,12	1,23	8,76	6,89	6,06				
9	Ángela	2,86	3,28	3,23	7,98	3,57				
10	Silvia	7,1	8,89	1,52	2,47	6,06	Pocentajes	Número total		Límites
11	Jose	3,58	4,13	4,28	6,37	4,16	40,00%	6	Suspenso	4,99
12	Tomás	4,2	4,93	2,03	3,15	3,88	20,00%	3	Suficiente	5,99
13	Alberto	7,99	5,54	1,84	1,14	5,34	20,00%	3	Bien	6,99
14	Federico	4,92	9,93	7,84	6,5	7,17	20,00%	3	Notable	8,99
15	Maria	8,01	7,24	8,61	3,95	7,49	0,00%	0	Sobresaliente	
16	Eva	3,16	0,98	6,94	3,8	3,32				
17	Beatriz	3,39	5,69	0,98	9,1	4,17				
18	Elvira	5,7	5,37	5,12	2,9	5,21				
19										
20										
21										
22	Escenario 1	50,00%	25,00%	15,00%	10,00%	100,00%				
23	Escenario 2	40,00%	35,00%	15,00%	10,00%	100,00%				
24	Escenario 3	40,00%	30,00%	20,00%	10,00%	100,00%				
25	Escenario 4	35,00%	35,00%	20,00%	10,00%	100,00%				
26	Escenario 5	40,00%	35,00%	20,00%	5,00%	100,00%				
27	Escenario 6	40,00%	20,00%	25,00%	15,00%	100,00%				

MODIFICACIÓN DE LOS ESCENARIOS

- Procedimiento:
  1) Acceder al escenario mediante el *Navegador* (**F5**).
  2) Seleccionar el botón de *Escenarios*.
  3) Seleccionar la opción **P**ropiedades... del *Menú contextual* del escenario a modificar.

- Si hubiésemos seleccionado previamente la opción **E**vitar cambios, no podríamos modificar las **P**ropiedades... si la *Hoja* estuviese protegida.

OPTIMIZACIÓN CON SOLVER I

- Permite resolver problemas con un *Objetivo* a optimizar y una serie de *Restricciones* que han de satisfacerse.
  - Al igual que en el caso de la *Búsqueda de objetivo*, las celdas que vayan a contener los resultados (**"Al cambiar las celdas"**) no pueden contener fórmulas.
    - Eso sí, las *Restricciones* y la celda a *Optimizar* utilizarán estas casillas (las de los resultados) en sus fórmulas.
  - Accedemos al menú desde:
    Herramientas>Solv**er...>Parámetros de Solver**
- En el siguiente ejemplo se pretende obtener la inversión óptima en educación, de forma que sepamos la inversión por apartado con el objetivo maximizar el *rendimiento final de los alumnos.*
  - Dejar claro que es un mero ejemplo, ya que la inversión en *Educación* no sólo viene determinada por el rendimiento de los alumnos, sino por más factores.

TEMA 14. Herramientas de análisis de datos

OPTIMIZACIÓN CON SOLVER II
Ejemplo

D4		fx Σ =	=E4*B4/C4	
	A	B	C	D	E

	A	B	C	D	E
1					
2	Presupuesto	3000000			
3		Coste	Incremento del rendimiento global	Inversión Realizada	Incremento Del rendimiento Efectivo
4	Libros de texto	1500000	6	0	0
5	Grupos apoyo Para alumnos	1500000	20	700000	9,33
6	Profesores	1100000	17	1100000	17
7	Aulas	4000000	15	0	0
8	Dotaciones	500000	8	500000	8
9	Programas Específicos	200000	5	200000	5
10	Aumento sueldo Docentes	350000	7	350000	7
11	Incentivos a Docentes	150000	4	150000	4
12					
13				Total inversión	Total incremento
14				3000000	50,33

OPTIMIZACIÓN CON SOLVER III
Ejemplo

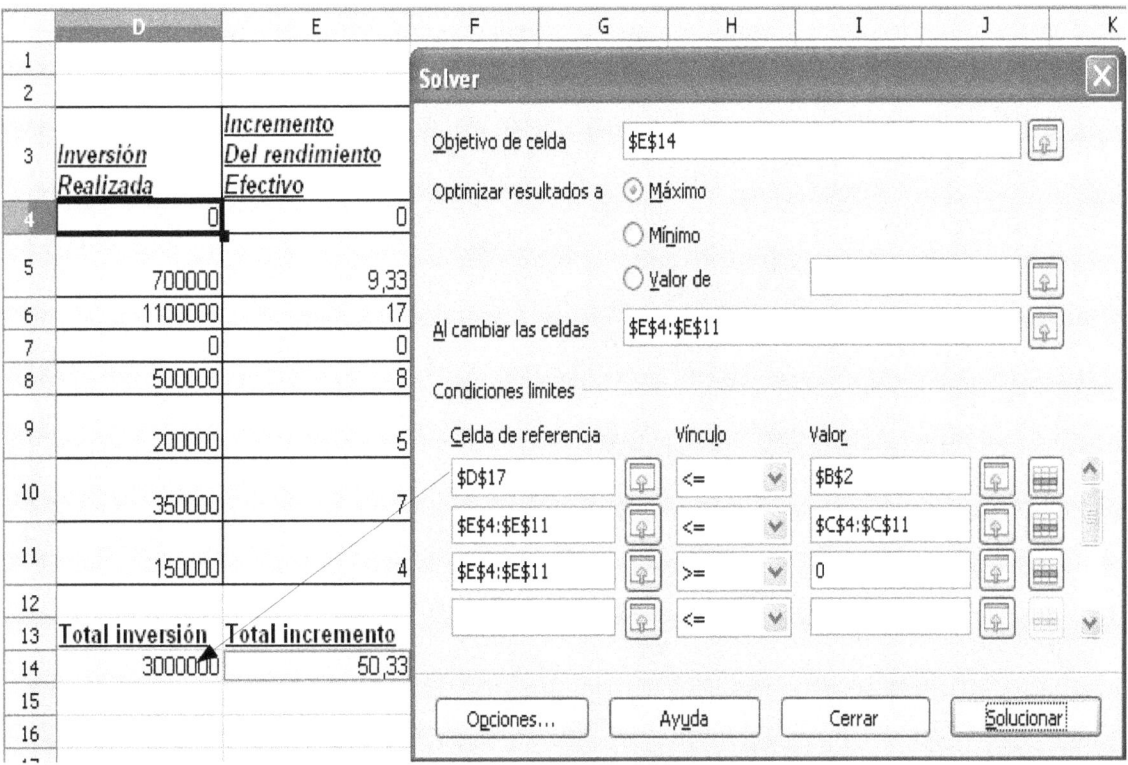

OPTIMIZACIÓN CON SOLVER IV
Ejemplo

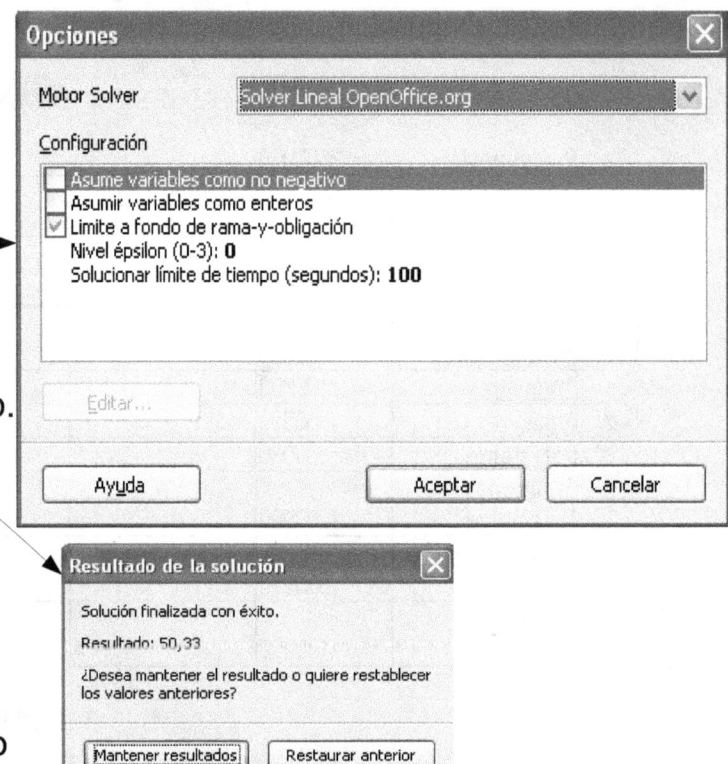

- Adicionalmente se dispone de un diálogo de **Opciones...** en el que poder simplificar las **Restricciones**.
- Una vez pinchamos en **Solucionar**, este proporciona el resultado en un diálogo. El cual, ofrece la posibilidad de:
  a) Mantener los resultados anteriores (en caso de que el resultado no nos convenza).
  b) Aceptar el resultado obtenido.